AU PAYS DES GITANS

Recueil d'outils pour intégrer
l'élève en difficulté
dans la classe régulière

Martine Leclerc

Préface de Marie-Josée Berger

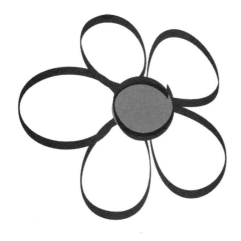

Chenelière
McGraw-Hill

CHENELIÈRE ÉDUCATION

Au pays des gitans
Recueil d'outils pour intégrer l'élève en difficulté
dans la classe régulière

Martine Leclerc

© 2001 Les Éditions de la Chenelière inc.

Coordination : Dominique Lefort
Révision linguistique : Sylvain Archambault
Correction d'épreuves : Isabelle Rolland
Couverture : Josée Bégin
Maquette intérieure : Pomme Z et Point-virgule
Infographie : Point-virgule

Données de catalogage avant publication (Canada)

Leclerc, Martine

Au pays des gitans : recueil d'outils pour intégrer l'élève
en difficulté dans la classe régulière

(Chenelière/Didactique. Apprentissage)
Comprend des réf. bibliogr.

ISBN 2-89461-480-2

1. Enfants en difficulté d'apprentissage – Enseignement primaire.
2. Enseignement correctif.   3. Internet en éducation.
4. Éducation spéciale – Matériel didactique.   5. Enseignement
primaire – Matériel didactique.   6. Apprentissage, troubles de l'.
7. Apprentissage, Troubles de l' – Traitement – Ressources
Internet.   I. Titre.   II. Collection

LC4704.73.L42 2000   371.9'0472   C00-941675-7

**Chenelière
McGraw-Hill**

CHENELIÈRE ÉDUCATION

7001, boul. Saint-Laurent
Montréal (Québec)
Canada H2S 3E3
Téléphone : (514) 273-1066
Télécopieur : (514) 276-0324
info@cheneliere-education.ca

ISBN 2-89461-480-2

Dépôt légal : 1er trimestre 2004
Bibliothèque nationale du Québec
Bibliothèque nationale du Canada

5 6 7 8 9 A 09 08 07 06 05

Nous reconnaissons l'aide financière du gouvernement du Canada
par l'entremise du Programme d'aide au développement de l'industrie
de l'édition pour nos activités d'édition.

DANGER

LE
PHOTOCOPILLAGE
TUE LE LIVRE

À ma petite gitane préférée, Isabelle, qui est comme le vent...
Si on t'arrêtait un instant, tu ne serais plus toi-même.

Au pays des gitans

On dit qu'ils sont bohèmes.

Ce sont des personnages qui vivent sans règles.
Mais comprennent-ils bien nos règles à nous,
nos règles sociales, nos règles de grammaire,
de processus d'écriture, de multiplication,
de résolution de problèmes?

On dit qu'ils ont un caractère de bohème.

Ils sont fantaisistes.
N'ont-ils pas cette subtilité, cette sensibilité,
cet esprit créatif qui les élèvent au rang d'artistes?
Ne lisent-ils pas nos émotions?
Ne voient-ils pas avec les yeux du cœur?

On dit qu'ils sont nomades.

Ne fréquentent-ils pas des classes spéciales, de transition,
de dénombrement flottant, de rééducation?
Ne voyagent-ils pas entre le bureau de l'orthopédagogue, du spécialiste
de l'enfance en difficulté, de l'orthophoniste,
de l'ergothérapeute, du psychologue?
Ne changent-ils pas souvent de classes,
d'enseignants, d'écoles, de villes?

On dit qu'ils sont comiques.

L'humour ne leur sert-il pas de bouée de sauvetage?
N'est-ce pas souvent ce qu'il leur reste pour
se faire accepter des autres?
Cet humour ne cache-t-il pas, dans certains cas,
un profond désespoir?

On dit qu'ils sont rêveurs.

Pourtant seul le rêve devant les étoiles a rendu possibles
les voyages dans l'espace…
Et seul le rêve permet de réinventer un monde meilleur.

La route est longue au pays des gitans.

Préface

Le monde pédagogique a connu, au cours des siècles, différents courants et innovations. Chaque siècle s'est défini en fonction de ses méthodes, de ses succès et de ses échecs. Pourtant, parmi tous ces changements, une constance demeure, celle de l'élève engagé dans son apprentissage. Cet engagement prend plusieurs formes et, malgré tous les progrès de la pédagogie, on a encore du mal à le définir pour certains élèves. À cause de ce défi d'offrir des voies de succès à ces catégories d'élèves, ceux-ci sont devenus des élèves en difficulté, en marge de la norme et des critères du programme régulier. Leurs difficultés sont de différents ordres et relèvent aussi bien de la lecture, de l'écriture et de la résolution de problèmes que du comportement et de la douance.

Martine Leclerc, au cours d'une carrière de plus de vingt ans dans l'enseignement, a rencontré ces élèves qui voulaient développer leur capacité d'apprendre mais qui, pour de multiples raisons, ne pouvaient relever les défis inhérents à cette capacité. Martine Leclerc leur propose de nouvelles façons de faire dans son recueil d'outils pédagogiques, *Au pays des gitans.* Ce recueil a été conçu en fonction de l'élève en difficulté, de ses aspirations. Il vise à l'aider à actualiser ses potentialités dans les limites de sa propre méthode de travail, de sa prise de conscience personnelle. Il lui fournit des démarches concrètes, des situations d'apprentissage qui correspondent à divers styles d'apprentissage.

Internet fait aussi partie des démarches proposées dans le recueil. Il constitue une manière nouvelle d'expérimenter, aussi bien pour l'enseignante et l'enseignant que pour l'élève. Il soutient une ingénierie pédagogique au cœur des communications et, en fonction des difficultés d'apprentissage, il permet de dégager progressivement le mode d'exploration propre à chacun.

Martine Leclerc ne prétend pas faire des miracles ni offrir des cures instantanées, mais innove avec *Au pays des gitans,* ce recueil qui entre dans le nouveau millénaire avec le nom espagnol des bohémiens, un nom qui symbolise un milieu d'artistes, d'écrivains. Dans un tel contexte, l'élève en difficulté devient lui-même artiste, il vit au jour le jour les règles de son apprentissage pour s'acheminer à pas sûrs dans les savoirs de la classe régulière.

Marie-Josée Berger,
Ph.D.

Table des matières

CHAPITRE 7 Les approches à privilégier pour différencier

Avant-propos

Ma passion pour l'enfance en difficulté ne date pas d'aujourd'hui. Tôt dans ma carrière d'enseignante, je fus impliquée auprès d'élèves ayant des besoins différents des autres. Je me posais de nombreuses questions : Comment puis-je aider des élèves qui ont perdu toute motivation à apprendre tant sont grandes leurs difficultés ? Suis-je juste à l'égard des autres élèves si j'évalue les élèves en difficulté avec d'autres outils ? Comment reconnaître les élèves surdoués et leur offrir un programme répondant à leurs besoins ? Comment puis-je vivre pleinement l'intégration des enfants en difficulté de manière à favoriser l'épanouissement du plein potentiel scolaire et social des élèves ? Comment redonner confiance aux jeunes qui ne peuvent que lire péniblement les questions d'un test ou qui doivent y répondre de façon écrite alors qu'ils lisent difficilement leur propre écriture. Où va cette jeunesse à qui on interdit les voies royales de l'éducation ?

Pourtant, je constatais, au même moment, que la qualité principale de ces jeunes était le courage. Ils étaient loin de s'apitoyer sur leur sort et de baisser les bras malgré leur faible rendement scolaire, la solitude, l'insécurité et le rejet des autres. On se rend vite à l'évidence : notre système d'éducation présente de nombreuses lacunes. Pour preuve, on n'a qu'à jeter un regard sur le taux de suicide élevé et sur le nombre étonnant de personnes analphabètes.

Devant cette absence de repères pour guider mes actions, j'ai passé un nombre incalculable d'heures à tenter d'innover et à expérimenter de nouvelles approches. J'ai beaucoup appris à l'aide de cette exploration et de ce questionnement. J'ai écouté les maux de mes élèves, jusqu'aux grandes déchirures dans le fond de l'âme qui se faisaient entendre. J'ai pris des risques, mais c'étaient de beaux risques. J'ai aussi pris mes distances et observé les changements qui s'installaient progressivement chez mes élèves et dans ma classe. Une nouvelle image s'inscrivait dans ma mémoire, surprenante par la place que l'élève se faisait au sein du nid de l'école qu'on rebâtissait d'abord grâce à un monde de rêve, d'espoir et d'avenir. Tout commence par une idée, par l'illusion et par les actions qui nous mènent dans le sens de ce que nous croyons : « L'espérance peut en permanence advenir si nous allons dans le sens de ce que nous croyons[1]. »

Si Marconi n'avait pas cru, hors de tout doute, qu'il pouvait transmettre et recevoir un message transatlantique sans fil, il n'aurait pas mis son talent et ses énergies au service d'une telle aventure. Avant le 21 décembre 1901,

---

1. M. Develay, *2025, Et si demain c'était d'abord aujourd'hui*, Lyon, Université Lumière, 1997, p. 2.

beaucoup de sceptiques jugeaient inconcevable une telle idée, car cette forme de communication était loin d'être évidente et ne laissait pas présager qu'elle pourrait révolutionner le monde en favorisant et facilitant les liaisons entre les individus. Que ferions-nous aujourd'hui sans cette découverte? N'est-ce pas que «l'espérance se fonde sur l'improbable, tout autant, sinon davantage que sur le probable[2]».

Je reconnais que cette passion exige une bonne dose d'espoir et de patience. Je sais que nous recommençons à rêver à de grandes choses le jour où nous acceptons de réinvestir de notre temps et de notre énergie au service des autres. *Au pays des gitans* représente le point culminant de plus de vingt ans d'expérience dans l'enseignement centré sur les besoins des enfants en difficulté en salle de classe régulière. Je me considère choyée d'avoir pu combiner mon vif intérêt pour l'avancement de l'éducation avec ce que je crois être un véritable attachement pour un domaine qui génère de formidables défis.

De vous, les enseignantes et les enseignants, dépend l'avenir de l'éducation. Vous êtes la relève par où les transformations s'opéreront et vous possédez la capacité de traduire les espoirs en réalisations pleines de promesses. Vous avez le pouvoir de toucher à ce qu'il y a de plus profond et de plus humain dans chaque élève. Vous possédez cette chaleur et cette joie qui vont droit au cœur et qui inspirent l'action. J'espère que ce livre suscitera des réflexions profondes et de nombreuses remises en question, et qu'il vous procurera cette vision par laquelle l'apprentissage prend son sens véritable. Rappelez-vous ce mot d'Albert Jacquart: «le torrent ne rencontre pas la joie en arrivant au lac, il la trouve au combat des rochers». Vous portez à l'intérieur de vous ce secret qui crée la magie par laquelle se réalisent les mille et un petits miracles de tous les jours.

2. *Ibid.*, p. 2.

Introduction

« Il est plus facile de bâtir un enfant
que de réparer un adulte. »

Anonyme

Depuis plusieurs années, les enseignantes et les enseignants doivent composer avec des classes de plus en plus hétérogènes. L'élève ayant une intelligence supérieure et faisant preuve de talents particuliers côtoie très souvent des élèves qui connaissent de multiples difficultés. Par le fait même, l'éventail des besoins exige une différenciation de l'enseignement. L'enseignante ou l'enseignant responsable d'élèves en difficulté assume déjà un rôle de premier plan dans la modification des programmes; avec l'avènement des nouveaux programmes, l'enseignante ou l'enseignant de la classe régulière doit à son tour relever le défi de modifier le curriculum et d'adapter son environnement pédagogique de façon à répondre aux besoins de chacun de ces élèves.

Ce livre s'adresse aux enseignantes et aux enseignants qui se préoccupent des élèves en difficulté dans leur salle de classe et qui désirent également répondre aux besoins des élèves surdoués et de ceux qui présentent des problèmes de comportement. Que faire avec l'élève qui n'a jamais d'idées quand c'est le moment d'écrire une rédaction? Comment peut-on aider celle ou celui qui produit un texte totalement désorganisé? Quels moyens peut-on mettre de l'avant pour stimuler l'élève qui reste passif en situation de résolution de problèmes? Comment peut-on adapter nos stratégies pour aider l'élève qui ne peut lire des textes du niveau de sa classe? Comment peut-on fournir de l'enrichissement à l'élève qui montre des signes de douance? Quelle intervention peut-on faire pour soutenir l'élève qui maîtrise mal ses émotions et réagit de façon impulsive? Voilà quelques questions auxquelles ce livre tente de répondre.

Il ne prétend pas offrir des recettes miracles. Il vise avant tout à amener une meilleure compréhension de la réalité de l'élève en difficulté, des attitudes à privilégier et des moyens que l'enseignante ou l'enseignant peut prendre pour favoriser la progression scolaire et sociale de l'élève.

Dans les prochaines pages, on décrit d'abord des situations fréquemment vécues en salle de classe en ce qui a trait aux difficultés de lecture, d'écriture et de résolution de problèmes. Une section est ensuite consacrée à l'élève ayant des problèmes de comportement, et une autre porte sur l'élève montrant des signes de douance. Dans chacune de ces parties, en plus de dépeindre les principales problématiques vécues en salle de classe, on élabore, en fonction de principes reconnus, des pistes de solutions et on propose des outils appropriés.

On ne peut passer sous silence l'important soutien qu'Internet offre dorénavant au monde scolaire. Les enseignantes et les enseignants qui utilisent déjà Internet avec leurs élèves connaissent probablement la richesse de cet outil de communication et de recherche. Un bottin de sites vient donc compléter les ressources de chaque section.

Différents intervenants et intervenantes gravitent autour de l'élève en difficulté. C'est pourquoi une section traite de l'encadrement de cet élève, encadrement qui exige une concertation de toutes et tous pour développer des actions constructives. Enfin, la dernière section traite des approches pédagogiques favorisant la différenciation de l'enseignement, une porte d'entrée pour repenser sa pratique pédagogique.

Le succès de l'intégration d'un élève en difficulté repose sur un plan d'action réfléchi. C'est pourquoi on présente tout au long de cet ouvrage une série de réflexions que l'enseignante ou l'enseignant utilisera pour déterminer son orientation pédagogique et son engagement envers l'élève en difficulté. Cette pensée réflexive servira à entrevoir la direction à prendre, dans une perspective où l'on nourrit le désir que la différence de chaque élève soit acceptée, reconnue et considérée comme une contribution originale au projet de vie que s'est donné la classe.

CHAPITRE 1

L'élève connaissant des difficultés en lecture

La manifestation des difficultés en lecture

Les principes à respecter

Des pistes de solutions

Les difficultés en lecture et leurs conséquences
dans les différentes matières

Internet au service des enfants en difficulté
Bottin de sites favorisant le développement des
compétences en lecture

Autoévaluation de l'enseignante
ou de l'enseignant

Des outils
Feuilles reproductibles

S i on fait une enquête dans les salles de classe, on se rend vite compte que la lecture demeure une préoccupation majeure. L'efficacité avec laquelle l'élève lit est étroitement liée à sa capacité d'apprentissage. Encore de nos jours, le moyen de communication le plus fréquemment utilisé dans l'enseignement est la lecture de textes, de manuels et de documentation écrite de toutes sortes. L'élève qui n'est pas en mesure de comprendre ce qui est écrit, que ce soit pour connaître les consignes à respecter, pour s'informer, pour se distraire ou pour s'instruire, en subira des conséquences dans tous les champs d'étude. La lecture constitue avant tout un processus de communication.

À l'intérieur d'une salle de classe, il y a une grande variété d'individus. Tous ne sont pas rendus au même point dans le développement de leurs compétences en lecture. Chaque élève vit des expériences différentes, possède des connaissances antérieures particulières et démontre des intérêts qui lui sont propres ou des passions distinctes. L'enseignante ou l'enseignant doit composer avec cette réalité.

La lecture demeure le pilier de l'apprentissage. C'est le point de contact entre la vie sociale et la vie scolaire de l'élève. C'est donc dire que l'enseignante ou l'enseignant doit prêter une attention toute spéciale aux manifestations des difficultés dans ce domaine et tenter d'y apporter des solutions appropriées le plus tôt possible.

La manifestation des difficultés en lecture

Les difficultés en lecture se manifestent de différentes façons. Les cas suivants en constituent des exemples.

1. À chaque période de lecture personnelle, on voit Sasha le nez en l'air, en train de regarder le plafond. En fait, il tient bien un livre mais il ne prend aucun plaisir à lire, car le livre qu'il a lui-même choisi est d'un niveau trop élevé. Il est distrait et n'arrête pas de dire que son voisin Léo l'agace.

2. On pense que Mimi lit très bien car, lorsqu'on l'écoute en situation de lecture à haute voix, elle a un débit très fluide. Cependant, lorsqu'on lui demande certaines informations relatives au texte qu'elle a lu, on dirait qu'elle a tout oublié.

3. Ismaël est extrêmement lent en lecture. Il ne lit pas vraiment, il s'efforce seulement de décoder les signes devant ses yeux. Cet exercice laborieux lui fait perdre le fil des idées. Il ne comprend donc pas le texte et trouve fort pénibles les activités de lecture.

4. Claude n'a jamais le temps de lire à la maison. Il est trop occupé avec toutes ses activités sportives. Cette attitude lui fait prendre un certain retard en lecture.

5. Michou dit n'importe quel mot lorsqu'elle lit. Par exemple, elle lira : « Papa a faim. Il s'en va dans la *cuisane.* » Sa lecture étant parsemée d'erreurs, elle ne peut reconstituer le sens du texte lu.

6. Lili passe 40 minutes avec l'enseignante-ressource et revient en classe, où elle est incapable de suivre le groupe. Les textes sont beaucoup trop difficiles. Cela complique les choses lorsque les élèves travaillent sur un projet dont l'élément déclencheur est un texte qu'elle ne peut lire. On a réellement l'impression qu'elle perd son temps.

7. Christiane n'a aucun problème à lire un texte. Lorsqu'on lui demande de répondre à des questions, elle trouve facilement les réponses si elles sont énoncées de façon explicite dans le texte. Par contre, si on lui pose des questions où elle doit établir des liens, elle est complètement perdue. Elle cherche une réponse textuelle et, ne la trouvant pas, elle répond n'importe quoi. Elle ne semble pas capable, par exemple, de synthétiser l'information pour trouver l'idée principale ou d'établir des relations entre les différents paragraphes.

Résumé

Les difficultés en lecture se manifestent de diverses façons.
- Incapacité de repérer le message véhiculé
- Difficulté à se rappeler ce qui est lu
- Décodage excessif
- Inaptitude à faire des rapprochements avec ses expériences personnelles
- Lenteur exagérée
- Erreurs dans l'interprétation de certains mots
- Inaptitude à faire des inférences
- Incapacité de tenir compte du contexte pour trouver le sens des mots

Indirectement, les difficultés en lecture peuvent avoir les conséquences suivantes.
- Désintéressement durant les activités de lecture
- Attitude négative
- Problèmes de comportement
- Faible estime de soi
- Retard dans toutes les matières

Les principes à respecter

Amener l'élève en difficulté à améliorer ses compétences en lecture est un travail exigeant qui requiert ordre et méthode. Le respect des principes suivants permettra à l'enseignante et à l'enseignant d'adopter une démarche constructive qui tiendra compte des capacités de l'élève.

Insister sur la recherche de sens

Souvent, l'élève en difficulté aura tendance à décortiquer les phrases en mots et en sons sans s'arrêter au sens. De nos jours, on parle d'interaction continue entre ce que la lectrice ou le lecteur sait et ce que lui apporte le texte. On ne conçoit plus le texte comme une entité statique constituée uniquement de lettres, de mots et de phrases ; on le perçoit plutôt sous sa forme dynamique. Dans une telle perspective, la recherche de sens devient la dimension principale de la lecture. Cette recherche de sens se manifeste par la capacité qu'a la lectrice ou le lecteur de dépister les liens que l'auteure ou l'auteur a placés dans le texte et de faire le rapprochement entre les idées présentes dans le texte et ses expériences antérieures.

Amener l'élève à gérer sa perte de compréhension

Chez la lectrice ou le lecteur habile, les stratégies de lecture sont intégrées et automatisées. Il n'en est pas de même chez l'élève en difficulté. Souvent, l'élève ne connaît pas ces stratégies ou ne sait pas quand les utiliser. Selon Tardif [1], les enseignantes et les enseignants ne montrent pas toujours les procédures et souhaitent que les élèves les découvrent en tâtonnant. Plusieurs élèves prennent beaucoup de temps à les découvrir, d'autres ne les découvrent jamais. La connaissance procédurale de la lecture est universelle et doit être présentée dès les premiers pas de l'élève à l'école.

Préparer l'élève à lire

Il est de toute première importance d'activer les connaissances de l'élève en fournissant une mise en situation. On peut utiliser un élément déclencheur, un invité spécial ou un thème, ou profiter d'une occasion particulière qui éveillera le goût de lire. Un élément tout aussi essentiel est d'utiliser le vécu de l'élève (du connu vers l'inconnu). Il convient donc de sonder les connaissances de l'élève sur le sujet de lecture : « Qu'est-ce que tu connais à propos de…? » On pourra, par exemple, avant d'aborder le texte proprement dit, travailler oralement les mots qui pourraient causer

1. Jacques Tardif, *Pour un enseignement stratégique : l'apport de la psychologie cognitive*, coll. Écoles, Montréal, Logiques, 1992.

des difficultés, expliquer des noms moins familiers ou montrer qu'il existe plusieurs mots pour désigner un même objet (*navire/bateau*).

Enfin, durant la préparation à la lecture, on amène l'élève :

- à se donner une intention de lecture : « Pourquoi lira-t-on ce livre ? », « Qu'est-ce que je vais découvrir ? » ;
- à repérer les indices : « Que suggère le titre ? », « Qu'est-ce que je vois sur l'illustration ? » ;
- à faire des prédictions : « De quoi parlera-t-on ? », « Que se passera-t-il, croyez-vous ? ».

Prévoir des périodes de lecture

L'enseignante ou l'enseignant doit prévoir une période de lecture personnelle tous les jours en classe. Le centre de lecture proposera des livres de différents niveaux, ce qui permettra aux élèves en difficulté ainsi qu'aux autres élèves de la classe de s'approvisionner convenablement. Il peut s'avérer utile d'avoir des livres pour adultes analphabètes (pour des jeunes adolescentes ou adolescents peu habiles en lecture, par exemple). Afin de maintenir le désir de lire et pour que les élèves découvrent des nouveautés, il convient que l'on renouvelle régulièrement les livres et les revues offerts dans le centre de lecture.

Favoriser l'interaction entre les élèves

Trop souvent, hélas, dans les salles de classe, les élèves ont peu d'occasions de s'exprimer. Lorsqu'on leur demande leur opinion au sujet d'un livre ou qu'on désire les faire réagir à une lecture, les idées émises ne sont pas fondées sur des arguments solides et le message est souvent pauvre. Il faut encourager les élèves à aller plus loin que le texte écrit et les inciter à dépasser l'idée de l'auteure ou de l'auteur pour s'approprier le message et l'intégrer dans son monde personnel. L'élève doit développer suffisamment de confiance en soi pour croire que son opinion compte pour autant qu'elle est fondée. Le travail en petit groupe, excellent pour la discussion, et l'approche coopérative sont des éléments clés favorisant les échanges entre élèves.

On peut profiter de plusieurs occasions pour stimuler cette interaction. En voici quelques exemples.

- Préparer un conte collectif.
- Prévoir tous les jours une période où les élèves discutent de leur interprétation des lectures.
- Encourager les élèves à parler entre elles ou entre eux de leurs lectures et à réagir aux valeurs et aux informations véhiculées.

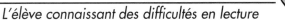

Soutenir la motivation à lire

La compréhension de textes constitue, le plus souvent, un véritable cauchemar pour l'élève en difficulté. « Il suffit d'une seule expérience négative pour qu'une situation demeure longtemps une source de déplaisir. Pour qu'une expérience de lecture soit valable, il faut que l'élève en retire de la satisfaction[2]. »

L'enseignante ou l'enseignant tentera par tous les moyens de susciter le désir de lire et d'amener l'élève à percevoir les livres comme des amis. On devra lui faire comprendre, par exemple, que, dans les textes, on trouve des informations intéressantes. Il est essentiel de développer une volonté de lire qui se maintiendra à long terme.

On peut employer les quelques moyens suivants pour y parvenir.

- Fonder la lecture sur des situations signifiantes pour l'élève.
- Favoriser l'aspect ludique (approche par le jeu).
- Utiliser des livres que les jeunes ont eux-mêmes publiés.
- Laisser le plus souvent possible le choix de l'intention de lecture à l'élève.
- Guider l'élève dans sa démarche de choix de livre, si nécessaire.

Bien connaître les intérêts de l'élève

Il est maintenant reconnu que la compréhension d'un texte dépend des connaissances sur le sujet traité et des expériences antérieures de l'élève. Il devient donc primordial de bien connaître les élèves pour être en mesure de mieux choisir les textes qui leur sont présentés. Pour ce faire, un questionnaire d'entrevue (feuille reproductible 1.1) aidera grandement l'enseignante ou l'enseignant à mieux situer chaque élève et à devenir plus efficace dans ses interventions pédagogiques. L'enseignante ou l'enseignant doit chercher à cerner les intérêts de chaque élève, ce qui lui permettra d'offrir un choix plus judicieux de sujets de lecture.

Tenter de cerner l'attitude de l'élève en situation de lecture

L'enseignante ou l'enseignant qui comprend l'attitude de l'élève en situation de lecture et qui cherche à situer son niveau d'engagement sera davantage en mesure de découvrir les raisons qui sont à l'origine de son comportement. Un questionnaire dressant le profil de la lectrice ou du lecteur permettra de mieux comprendre les sentiments que l'élève éprouve à l'égard de la lecture (feuille reproductible 1.2) et pourra servir d'élément déclencheur pour amorcer une discussion portant sur les raisons qui soustendent son attitude.

▲▲▲▲▲▲▲▲▲▲▲▲▲▲▲▲

2. G. Morin-Veilleux, « Le miracle de la lecture », *AQUEP-Vivre le primaire*, mai 1999, p. 11-12.

Encourager l'élève à prendre des risques

Comme le dit si bien Tardif[3], les erreurs ne se produisent jamais par hasard, mais résultent plutôt de règles que l'élève applique systématiquement. Il ne faut surtout pas oublier que les erreurs font partie de l'apprentissage.

Respecter le rythme de l'élève

Il est bien évident que l'enseignante ou l'enseignant désire amener l'élève à comprendre des textes de plus en plus complexes. Cependant, en brûlant les étapes, on risque de décourager l'élève et de favoriser les situations d'échec. L'élève en arrivera à croire que la source de son incapacité à lire est un manque d'intelligence. Les échecs répétés font en sorte que l'élève a une faible estime de soi, ne veut plus prendre de risque, déteste la lecture et évite de se placer en situation où elle ou il doit « démontrer » son incapacité.

Placer l'élève dans une situation de réussite

Il s'avère essentiel de prendre l'élève là où elle ou il se trouve et de chercher à lui faire gravir les échelons de façon progressive. Il peut être nécessaire, par exemple, de traiter les sujets de façon concrète en faisant appel aux sens et en utilisant des supports visuels. Il importe avant tout de respecter le fait que l'élève doit affronter un défi raisonnable.

Pour favoriser sa réussite, on doit :

- lui proposer des lectures contextualisées ;
- lui proposer des activités significatives ;
- saisir toutes les occasions de promouvoir la lecture, par exemple :
  - le menu d'un restaurant ;
  - l'horaire d'un spectacle ;
  - la description d'un film à l'affiche ;
- utiliser des objets et des supports visuels, si nécessaire ;
- recourir à une histoire qu'elle ou qu'il connaît si son habileté est très restreinte.

---

3. Jacques Tardif, *op. cit.*

Des pistes de solutions

L'enseignante ou l'enseignant trouvera dans la présente section des pistes pour aider l'élève qui connaît des difficultés en lecture. Les cas analysés se rapportent aux exemples présentés dans la section «La manifestation des difficultés en lecture», à la page 2.

L'élève qui ne manifeste aucun intérêt pour la lecture (Sasha)

On peut facilement vérifier l'intérêt de l'élève pour la lecture en l'observant en situation de lecture libre. En effet, l'élève qui prend du temps à s'installer pour lire, qui regarde partout pendant la période de lecture et qui s'intéresse plus à son voisin ou à sa gomme à effacer qu'à son livre est susceptible de ne pas apprécier les moments de lecture. Il faut chercher les causes de cette attitude. Il est bon de se poser les questions suivantes : Le livre est-il du niveau approprié ? Le vocabulaire est-il trop complexe ? L'élève a-t-elle ou a-t-il besoin de supports visuels (images, photos, etc.) ? Le texte est-il écrit dans un caractère trop petit ?

Il est certain que le désintéressement de l'élève relève d'une raison profonde. C'est la tâche de l'enseignante ou de l'enseignant de découvrir cette raison.

Voici quelques moyens qui permettront de déterminer les interventions à mener auprès de l'élève.

- Établir les goûts et les préférences de l'élève (feuille reproductible 1.1). Le plus important est d'amener l'élève à aimer la lecture. Par exemple, si on a découvert que l'élève aime beaucoup les chats, on peut lui apporter un article sur ce sujet découvert dans un journal ou une revue. Certains articles sont très courts et écrits dans un langage qui convient bien aux élèves en difficulté. Internet contient une multitude de textes dont on peut tirer profit (voir le bottin de sites à la fin de cette section).

- Questionner l'élève sur ses sentiments à l'égard de la lecture et des occasions favorisant les activités de lecture (feuilles reproductibles 1.2 et 1.3).

- Guider l'élève dans le choix de ses lectures en vérifiant :
  - la grosseur des caractères ;
  - les indices de lisibilité ;
  - le vocabulaire et la syntaxe ;
  - le degré de difficulté du texte (voir l'encadré 1.1 : «Questions à se poser pour connaître la difficulté des textes»).

- Faire remplir régulièrement la «fiche d'évaluation des compétences à développer en lecture» (feuille reproductible 1.4) afin de responsabiliser l'élève.

Chapitre 1

L'élève connaissant des difficultés en lecture

Questions à se poser pour connaître la difficulté des textes

 Le sujet est-il connu de l'élève ?

- C'est un sujet qui est fréquemment abordé dans ses jeux, dans ses émissions de télévision, dans la vie de tous les jours, dans les éléments qui la ou le motivent.
- Le vocabulaire est connu.

 Le sujet est-il traité de façon concrète ou abstraite ?

Le sujet est traité de façon concrète si :
- le contenu traite d'actions, de faits ou d'événements ;
- il fait appel aux sens ;
- on renvoie à des expériences affectives faisant partie de la vie courante ;
- les mots sont utilisés dans leur signification la plus courante.

Le sujet est traité de façon abstraite si :
- on renvoie à des idées, à des buts ;
- on donne une perspective ;
- on fait des généralisations ;
- on démontre des principes.

 Le sujet traité est-il spécialisé et uniquement accessible à un certain groupe de lectrices ou de lecteurs ?

Le sujet est spécialisé si :
- on a besoin d'une expérience dans un domaine particulier pour comprendre le texte ;
- on doit être une ou un spécialiste dans une matière pour en saisir le sens ;
- le vocabulaire utilisé contient des mots rares et des acceptations peu connues.

 L'information véhiculée dans le texte peut-elle être interprétée de façon à ce que la lectrice ou le lecteur puisse rattacher les idées émises à ses expériences personnelles ?

- Il y a suffisamment d'illustrations.
- Les liens entre les idées sont bien établis.
- Les informations sont complètes.
- Les informations sont suffisamment précises pour ne pas mener à de fausses pistes.
- Il y a suffisamment d'exemples pour appuyer les idées et permettre d'imaginer les situations décrites.
- On utilise des pronoms familiers qui réfèrent à des mots qui ne sont pas trop éloignés.
- Les mots-liens sont faciles à repérer et favorisent la compréhension.
- Les structures de phrases sont simples et courantes.
- On respecte les critères de lisibilité (mot-écran, nombre de phrases, mots par phrases).

 L'organisation du texte facilite-t-elle la lecture ?

- Le titre est suggestif.
- Les illustrations sont appropriées.
- Le texte est bien divisé en paragraphes.
- Les sous-titres sont judicieusement choisis.

- Inviter les élèves de la classe à dire comment elles ou ils s'y prennent pour choisir un livre.
- Favoriser le partage entre les élèves des livres qui ont été jugés intéressants.
- Déterminer avec l'élève en difficulté une liste de critères à respecter lors du choix d'un livre.
- S'assurer d'avoir dans le coin de lecture des livres correspondant au niveau de compétence et aux intérêts de l'élève (une façon peu dispendieuse d'acquérir des livres est de profiter des ventes-débarras).
- Tenter d'intéresser l'élève à la lecture par différents moyens. Exemples :
  - L'enseignante ou l'enseignant commence la lecture d'un livre pour susciter l'intérêt de l'élève et l'inciter à poursuivre la lecture.
  - Lecture collective : on répartit les élèves dans de petits groupes. Dans chaque groupe, les élèves ont le même livre à lire. Elles ou ils se lancent un défi : se rendre à telle page d'ici le jour suivant. Le lendemain, le groupe se réunit et les élèves discutent de ce qu'elles ou de ce qu'ils ont compris de l'histoire dans les pages lues. Cette façon de procéder permet à l'élève qui n'a pas tout compris de se rattraper par le résumé que les autres font de l'histoire.
  - Moyens audiovisuels comme les émissions *La cabane de rêve*[4].

L'enseignante ou l'enseignant ne doit pas nécessairement obliger l'élève à lire un livre ; un article de revue pourrait être plus approprié. Très souvent, l'élève en difficulté se décourage en voyant le nombre de pages que contient un livre, mais, d'un autre côté, les livres contenant peu de pages sont parfois de peu d'intérêt.

L'élève qui ne se rappelle pas ce qu'elle a lu (Mimi)

On peut aider l'élève dans cette situation en l'amenant à se faire une représentation mentale de ce qu'elle a lu. On peut alors procéder de la façon décrite ci-dessous. L'élève doit :

- encercler un mot par phrase ;
- tenter de se faire une image mentale de ce mot ;
- dire ce que le mot évoque en elle ;
- écrire les mots qu'elle a encerclés sur une autre feuille ;
- raconter l'histoire lue en se référant à sa liste de mots.

4. Série de bandes vidéo produites par TVOntario constituée de 13 émissions de 15 minutes chacune dont le but principal est de motiver les jeunes à lire tout en les armant de stratégies de compréhension. Les séquences présentent des petites mises en scène de différents passages d'un roman. On présente un roman par émission. Pour information : TVOntario, C.P. 200, succursale Q, Toronto (Ontario) M4T 2T1 Tél. : (416) 484-2613.

Voici d'autres moyens :

- Proposer à l'élève de courts textes et lui demander de redire dans ses propres mots l'essentiel du message.

- Demander à l'élève de remettre l'histoire en ordre chronologique à partir de portions de texte déterminées.

- Demander à l'élève de faire une courte bande dessinée au fur et à mesure qu'elle lit.

- Faire un rappel de texte en posant à l'élève des questions telles que :
    - De quoi parle-t-on dans ce texte ?
    - Comment est le personnage principal ?
    - Que se passe-t-il dans l'histoire ?
    - Où et quand l'histoire se passe-t-elle ?
    - Comment l'histoire se termine-t-elle ?

Cet exercice peut être fait en dyade. Chaque élève pose alors les questions à l'autre élève (feuille reproductible 1.5).

- Guider l'élève à l'aide de questions appropriées lorsqu'elle doit faire un résumé (feuille reproductible 1.6).

- Consigner les activités de lecture dans un journal de bord (feuille reproductible 1.7) afin d'obliger l'élève à établir un lien entre ses lectures et ses expériences personnelles.

- À la suite de la lecture d'un texte, questionner l'élève sur les éléments importants de ce texte (feuilles reproductibles 1.8 et 1.9) et l'inciter à trouver un mot qui se rapproche de celui demandé (rapprochement sémantique ; voir feuille reproductible 1.10).

L'élève qui ne cherche qu'à décoder les mots et qui ne peut reconstituer le sens du texte (Ismaël)

Il s'agit habituellement d'un élève qui a davantage été sensibilisé au code de lecture qu'au sens des mots. Les difficultés de cet élève se situent particulièrement au niveau de l'utilisation des stratégies. Les activités proposées ci-dessous l'aideront à améliorer ses compétences en lecture.

- Faire une mise en situation avant la lecture afin d'activer les connaissances de l'élève. Lui poser des questions en relation avec le contenu du livre : par exemple, « As-tu déjà eu l'impression d'être perdu, loin de ta maison ? Comment te sentais-tu ? »

- Vérifier les connaissances de l'élève sur le sujet en l'incitant à parler de ses expériences personnelles.

- Utiliser un élément déclencheur tel qu'un objet, un dessin, une mise en scène ou un jeu pour sensibiliser l'élève au sujet abordé.

- Insister sur le repérage d'indices idéographiques. Avant la lecture, on peut travailler sur la reconnaissance globale des mots principaux du texte.

Il faut particulièrement:

- amener l'élève à prévoir le contenu du texte.
  - Lui demander de faire des prédictions quant au contenu du texte à l'aide des illustrations et de préciser ce qui, dans les illustrations, lui permet de faire ces prédictions.
  - Modeler son désir de lire en disant, par exemple, «J'ai choisi ce livre parce que j'aime les chats»; «J'ai le goût de savoir ce qu'il va se passer avec les deux chats»; «Le dessin m'intrigue, on dirait qu'ils n'ont pas l'air heureux».
  - L'amener à se faire une idée du contenu en lui faisant examiner le titre et lui demander, par exemple: «De quoi parlera-t-on dans ce livre, d'après toi?»
  - L'arrêter à certains moments au cours de sa lecture et lui demander de dire ce qu'il va se passer, selon lui.
  - Lui demander d'inventer une autre fin à l'histoire.
  - Après la lecture, faire des exercices de closure (omettre des mots dans des phrases à compléter).
- inciter l'élève à vérifier ses hypothèses.
  - À un certain moment durant sa lecture, lui demander si l'histoire se déroule comme il l'avait prévue.
  - Modeler cet exercice par des exemples: «Je ne me souviens plus pourquoi les chats sont loin de leur maison. Ah oui, c'est parce qu'ils ont perdu leur chemin.»
  - Encourager l'élève à confirmer ou à rejeter ses hypothèses concernant le contenu de l'histoire et la signification des mots inconnus; modeler cet exercice en disant, par exemple: «Je ne sais pas ce que le mot "rigoler" veut dire, mais il doit vouloir dire "rire" parce que je le vois en train de rire.»
  - L'inviter à relire un passage s'il le faut.

Il peut être très avantageux d'avoir l'aide de personnes bénévoles pour s'assurer que l'élève lise régulièrement. Ces personnes pourront offrir le soutien nécessaire à l'utilisation des stratégies proposées, à condition d'être bien encadrées (encadré 1.2).

On doit éviter de demander à l'élève de lire à voix haute pour que la recherche de sens soit le point central de son attention. Cependant, l'enregistrement occasionnel de l'élève, enregistrement qui sera placé dans le portfolio (voir le chapitre 6), permet de mesurer sa progression tout au long de l'année et peut devenir une forme de motivation.

Encadrement de la personne bénévole

 La personne bénévole peut être un parent, un membre de la communauté, une ou un élève d'une classe d'un niveau supérieur.

Cette personne :
- fait la lecture à l'élève sur une base régulière ;
- active les connaissances de l'élève par une mise en situation ;
- écoute l'élève lire ;
- pose des questions à la suite de la lecture pour s'assurer que l'élève comprend ;

- incite l'élève à se servir des indices contenus dans le texte (titre, dessins, etc.) ;
- demande à l'élève de prévoir le contenu du texte en posant des questions telles que « De quoi le texte parlera-t-il, selon toi ? » ; « Que penses-tu qu'il arrivera à Julie ? » ;
- favorise une réaction à la lecture en demandant à l'élève de faire des rapprochements entre le texte lu et ses expériences personnelles, par exemple : « Si tu étais à la place de Loulou, que dirais-tu ? » ; « T'est-il déjà arrivé de perdre ton chemin ? ».

L'élève qui n'a jamais le temps de lire à la maison (Claude)

On peut aider cet élève de différentes façons.

- Favoriser un partenariat avec les parents (feuille reproductible 1.11).
- Faire remplir une fiche d'assiduité (feuille reproductible 1.12) par les parents.
- Responsabiliser l'élève en lui demandant de s'autoévaluer régulièrement (feuille reproductible 1.4).
- Discuter avec l'élève de l'importance de lire régulièrement pour assurer le développement de l'habileté à lire et inciter l'élève à dresser son profil de lecteur (feuille reproductible 1.13).
- Encourager l'échange avec les autres élèves à l'aide d'un cahier où sont notées les remarques se rapportant à la lecture des livres.
- Permettre à l'élève d'aller lire des textes dans une autre classe à des élèves plus jeunes. Cette expérience s'avère habituellement très motivante (les modèles valorisant la lecture sont peut-être rares à la maison et les occasions de lire sont parfois inexistantes).

L'élève qui dit n'importe quel mot (Michou)

Il s'agit d'une élève pour qui l'acte de lire n'est pas lié au sens. Elle n'utilise pas efficacement la démarche de révision. On peut soutenir cette élève dans son apprentissage à l'aide de certaines stratégies.

- Utiliser des textes significatifs pour l'élève.

- Prendre le temps d'activer les connaissances de l'élève avant la lecture : faire un exercice de mise en situation avant de lui demander de lire le texte afin de favoriser l'énoncé de prédictions quant au contenu du texte, de stimuler ses connaissances personnelles sur le sujet abordé et de lui permettre de rattacher les nouvelles informations à ses connaissances antérieures.

- Avant la lecture, travailler sur les mots du texte qui peuvent causer des difficultés.

- Repérer des mots inconnus et adopter une stratégie efficace pour se rappeler ces mots (par exemple, reconnaître un petit mot que l'on connaît dans un mot inconnu ; examiner le contexte où est placé un mot, etc.).

- Demander à l'élève de faire un dessin inspiré d'un mot difficile et de noter ce mot, accompagné du dessin, dans le journal de bord en lecture (feuille reproductible 1.7).

- Travailler sur les capacités de prédiction de l'élève et sur les moyens qu'elle peut prendre pour éluder les difficultés devant un mot nouveau.

- Mettre bien en vue les différentes stratégies de lecture sur des affiches de façon à ce que l'élève puisse s'y référer facilement en cas de besoin.

- Inciter l'élève à réfléchir sur sa progression en lecture (encadré 1.3).

- Durant l'entrevue, préciser avec l'élève les éléments sur lesquels elle devra se concentrer.

- Si un texte contient des sons difficiles, développer des exercices spécifiques semblables à ceux présentés dans l'encadré 1.4 et sur la feuille reproductible 1.14.

L'élève qui ne peut lire les textes proposés en classe et qui donne l'impression de perdre son temps (Lili)

Pour assurer le développement des compétences en lecture de cette élève, des stratégies particulières doivent être adoptées.

- Établir un plan d'action en déterminant les éléments à améliorer, les actions à poser, les échéanciers à respecter ainsi que les ressources possibles (feuille reproductible 1.15).

- Si l'élément déclencheur d'un projet se trouve dans le texte, s'assurer qu'elle en prenne connaissance (avec l'aide d'un pair, par exemple).

- Recourir à l'aide d'une personne bénévole dans la classe et centrer le travail sur les stratégies de lecture (encadré 1.5).

L'élève connaissant des difficultés en lecture

- Ajuster le texte utilisé par l'ensemble de la classe au niveau de compétence de l'élève en difficulté ou proposer à cette élève un texte plus simple traitant du même sujet.
- Organiser des séances où l'élève lira des textes à des groupes d'élèves plus jeunes afin qu'elle développe ses habiletés en lecture à l'aide de textes à son niveau; ce type d'activité s'avère très valorisant car il favorise la responsabilisation de l'élève.

Encadré 1.3

Réflexion en lecture

La réflexion en lecture devra porter sur les changements que l'élève perçoit dans ce domaine par rapport à sa situation au début de l'année, par exemple. Les questions énumérées ci-dessous peuvent d'abord faire l'objet d'une réflexion personnelle. Dans un deuxième temps, l'enseignante ou l'enseignant peut rencontrer l'élève et choisir des défis à relever. Ensemble, ils peuvent se donner des moyens de réaliser leurs objectifs.

1. Pourquoi as-tu réussi à bien lire ce texte?

2. Qu'est-ce qui était facile? Pourquoi?

3. Qu'est-ce qui t'a paru le plus facile?

4. Où as-tu eu le plus de difficulté?

5. Quels sont les moyens que tu as utilisés pour te dépanner?

6. Qu'est-ce qui te frustrait principalement au début de l'année, en lecture?

7. Y a-t-il des choses qui te frustrent maintenant, lorsque tu dois lire?

8. Auparavant, comment faisais-tu pour choisir tes lectures? Comment les choisis-tu maintenant?

9. Qu'est-ce que tu faisais au début de l'année pour comprendre ce que tu lisais?

10. Que fais-tu maintenant?

11. Qu'est-ce qui a changé?

12. Qu'aimerais-tu améliorer maintenant?

13. Quels moyens peux-tu utiliser pour y parvenir?

Ɛxercices sur les sons

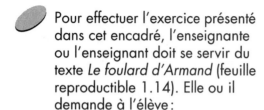 Pour effectuer l'exercice présenté dans cet encadré, l'enseignante ou l'enseignant doit se servir du texte *Le foulard d'Armand* (feuille reproductible 1.14). Elle ou il demande à l'élève :

1. de repérer les mots comprenant le son *ar*.

a) L'élève doit encercler ou surligner tous les *ar* contenus dans les mots.

b) L'élève lit les mots contenant le son *ar* qu'elle ou qu'il vient de repérer.

2. de lire le texte.

a) L'élève lit le texte et porte une attention particulière aux mots qui contiennent le son *ar* puisque ce graphème a été encerclé ou surligné.

b) L'adulte aide l'élève lorsqu'elle ou lorsqu'il a de la difficulté à prononcer correctement un mot en lui fournissant quelques indices.

c) Après la lecture du texte, l'adulte pose quelques questions à l'élève pour vérifier sa compréhension du texte et établir les liens nécessaires.

3. d'écrire les mots contenant le son *ar*.

Dans son petit dictionnaire personnel (petit cahier), l'élève écrit tous les mots du texte contenant le son *ar*.

4. d'écrire des phrases.

a) L'élève choisit trois mots contenant le son *ar*.

b) L'élève doit composer une phrase avec chacun de ces mots dans son cahier de phrases.

L'élève qui n'arrive pas à établir un lien entre les différents paragraphes, qui n'arrive pas à trouver l'idée principale d'un texte et, surtout, qui ne peut trouver l'information qui est présentée de façon subtile (Christiane)

On peut aider cette élève en adoptant des stratégies favorisant l'interprétation correcte des énoncés et la compréhension de l'organisation d'un texte.

• Poser à l'élève des questions d'interprétation :

Adulte – «Est-ce que les chats sont heureux? Comment le sais-tu?»

Élève – «On dit "Comme c'est triste!"» (inférence).

• Demander à l'élève de repérer les mots de substitution et leurs référents :

Adulte – «Manon et Sophie sont les deux meilleures amies du monde. Elles sont toujours ensemble. Que signifie "elles"?»

Élève – «C'est Manon et Sophie.»

Stratégies en lecture

 Cet encadré a pour but d'amener l'élève à développer des stratégies en lecture.

1. Inciter l'élève à réfléchir sur le texte avant même qu'elle ou qu'il ne commence à le lire.

2. Poser des questions qui portent sur les éléments essentiels du texte.

3. Éviter les questions vagues auxquelles une personne n'ayant pas lu le texte pourrait facilement répondre.

4. Poser des questions simples et courtes.

5. Utiliser les *qui, quand, quoi, comment* et *pourquoi*.

6. Demander à l'élève de repérer les mots qui peuvent lui causer des problèmes.

7. Aider l'élève à trouver différentes significations à un mot inconnu à l'aide d'indices.

8. Amener l'élève à développer des stratégies de dépannage (se servir des illustrations, poursuivre sa lecture, relire un passage, utiliser ses connaissances, etc.).

9. Demander à l'élève de se faire une représentation mentale de ce qu'elle ou de ce qu'il lit.

10. Lire et résumer en séquences (cadres de texte).

- Amener l'élève à interpréter les liens entre les phrases : « Miou pleure. Il a perdu son chemin. » Miou a perdu son chemin, c'est pourquoi il pleure. On peut également demander à l'élève, par exemple, de raconter un passage dans ses propres mots.

- Faire découvrir les parties du texte (début, milieu et fin) en demandant à l'élève de les mettre en évidence.

- Demander à l'élève de résumer un court texte à l'aide de phrases à compléter. On peut s'inspirer de celles que l'on trouve dans la feuille reproductible 1.6 et les adapter pour un texte.

- Faire faire à l'élève des exercices sur les connecteurs (feuille reproductible 1.16) et sur les référents (feuille reproductible 1.17).

- Demander à l'élève de relever le mot le plus important d'une phrase ou d'un paragraphe.

Ce type d'élève éprouve habituellement des difficultés avec les expressions utilisées au sens figuré. Il est bon de lui faire faire des activités où on l'incite à utiliser ces expressions dans différents contextes à l'aide, par exemple, de mises en scène ou de jeux de rôle.

Les difficultés en lecture et leurs conséquences dans les différentes matières

L'efficacité avec laquelle l'élève lit est étroitement reliée à sa capacité d'apprentissage. En effet, sans compétence en lecture, un individu n'est pas en mesure de comprendre un message écrit et peut difficilement, par exemple, interpréter les consignes d'un exercice. Sans une maîtrise de la lecture, il ne peut y avoir de transmission de connaissances à l'aide des textes qui se trouvent dans les manuels de base, dans les documents d'appui et dans les notes de cours.

La lecture, base de la transmission du savoir

En fait, l'incompétence à lire n'a pas que des répercussions dans la matière que l'on appelle le *français*. Elle en a aussi dans tous les champs d'étude : mathématiques, sciences, études sociales, géographie, histoire, art, etc.

L'élève qui décrypte difficilement un message écrit, qui ne peut préciser sa pensée à cause d'un manque de compréhension des mots, qui ne peut établir des liens entre les phrases et ses expériences personnelles, et qui organise mal les informations reçues en subira malheureusement les conséquences, peu importe la matière.

Mais les répercussions ne s'arrêtent pas là. Puisqu'elles compromettent ses apprentissages, l'élève finira par croire qu'elle ou qu'il n'a aucune compétence, quel que soit le champ d'étude. Les conséquences sur l'estime de soi et sur l'interaction avec l'entourage viendront rapidement. L'élève en difficulté est souvent l'objet de sarcasmes, a un sentiment de dévalorisation et subit un rejet. Très souvent, ses réalisations ne reflètent pas ses réelles capacités, son véritable potentiel.

Voici, dans différentes matières, quelques répercussions résultant de la difficulté à lire.

L'élève ne pourra pas :

- lire les textes que l'enseignante ou l'enseignant distribue pour appuyer son enseignement ;
- suivre dans le manuel de base et y puiser les informations essentielles à son apprentissage ;
- trouver facilement des ressources qui conviennent à son sujet d'étude et à son niveau de lecture au cours d'un travail de recherche ;
- lire avec aisance les notes de cours et en retirer l'information indispensable à une bonne maîtrise de la matière ;
- lire les notes écrites au tableau ou présentées sur des transparents ;
- comprendre les éléments indispensables des consignes écrites.

De plus, connaissant ses lacunes en lecture, l'élève refusera de lire un texte trop long ou dépassant ses capacités, et cette attitude est très souvent interprétée comme le signe d'un problème de comportement.

Enfin, l'élève se dira très souvent incapable de réussir un test avant même de le commencer, ou se découragera devant la longueur d'une lecture demandée, ce qui engendre une faible performance scolaire.

Moyens d'adaptation suggérés

En situation d'apprentissage, il faut:

- donner à l'élève des textes plus simples correspondant à son niveau de lecture;
- réduire le nombre de lectures à effectuer;
- photocopier les notes de cours, les remettre à l'élève à l'avance et lui demander de les faire lire par une tutrice ou un tuteur ou par ses parents;
- surligner les éléments importants dans un texte de façon à ce que l'élève puisse les différencier de ceux qui sont accessoires;
- demander aux parents d'aider leur enfant à comprendre les notions; ils peuvent, par exemple, faire les exercices oralement avec lui;
- enregistrer les textes sur cassettes et mettre à la disposition de l'élève un magnétophone ou un baladeur qu'elle ou qu'il pourra utiliser au besoin en classe;
- élaborer et proposer à l'élève une liste de sites Internet et de cédéroms où l'élément visuel occupe une place privilégiée;
- mettre à la disposition de l'élève une banque de ressources correspondant à son niveau de lecture, comme des livres, des revues, des cédéroms ou des textes qu'elle ou qu'il pourra consulter au cours d'une recherche;
- demander de lire à voix haute seulement si elle ou s'il se porte volontaire;
- limiter la quantité de notes écrites au cours d'une seule et même séance; à la suite d'explications, inciter l'élève à faire un exercice permettant de mettre en pratique la notion étudiée en utilisant des stratégies pédagogiques autres que la stratégie couramment appelée «papier/crayon»;
- demander à l'élève quelle couleur de papier et quelle grosseur de caractères lui rendent la lecture plus facile;
- présenter des notes courtes et aérées: certains élèves ont l'impression que les lettres dansent lorsqu'un texte est trop serré.

Durant les évaluations, il faut:

- donner à l'élève plus de temps pour lire les questions;

- si possible, ne pas imposer une limite de temps; le facteur temps entraîne souvent une situation d'échec chez l'élève qui connaît des difficultés à lire;

- diminuer le nombre de questions;

- formuler les consignes simplement; il est préférable de soumettre plusieurs questions plutôt qu'une seule question ayant une structure très complexe;

- adjoindre une lectrice ou un lecteur à l'élève pour les consignes écrites;

- limiter les tests «papier/crayon»;

- poser les questions oralement;

- enregistrer les questions et les consignes sur cassettes;

- utiliser tout moyen permettant à l'élève de montrer sa compréhension (art visuel, informatique, art dramatique, etc.);

- ne pas hésiter à fournir des explications si l'élève n'a pas compris la consigne écrite;

- exploiter les forces de l'élève, non ses faiblesses: l'élève connaît fort bien ses difficultés en lecture, on ne doit donc pas la ou le pénaliser davantage dans une autre matière à cause de cette lacune;

- vérifier si la lecture n'est pas un obstacle à l'expression des compétences de l'élève; si c'est le cas, discuter avec elle ou avec lui des moyens qui seraient appropriés pour qu'elle ou qu'il puisse montrer son savoir;

- se rappeler que ce sont les compétences dans une matière donnée qui sont évaluées, non les habiletés de l'élève à lire.

Internet au service des enfants en difficulté

Bottin de sites favorisant le développement des compétences en lecture

- **Halloween 1996!** *http://www.quebectel.com/escale/hallow96/maison7a.htm*
  Récit à lire pour les petits.
  - Anticiper le contenu de l'histoire.

- **Premiers pas sur Internet (section histoire)** *http://www.momes.net/*
  On y présente de nombreuses histoires inédites et plusieurs contes traditionnels accompagnés de dessins pour apprendre à lire.

- **La caméra magique** *http://www.cam.org/~geln157/contes/camera/tabcam.htm*
  Conte à lire pour les enfants de 5 et 6 ans. Informations sur la photographie et très belles images et photos.
  - Améliorer les capacités de compréhension.
  - Établir des liens.
  - Anticiper le contenu de l'histoire.

- **Les machines simples** *http://www.lescale.net/machines*
  Petits textes informatifs simples.

- **Les enfants du Net** *http://enfants-du-net.org/labo/archiv.htm*
  Petits textes incitatifs simples portant sur des expériences.

- **Le petit Poucet** *http://www.imaginet.fr/momes/poucet/index.html*
  Conte interactif pour les jeunes.
  - Améliorer les capacités de compréhension.
  - Établir des liens.
  - Anticiper le contenu de l'histoire.

- **Entretien avec le père Noël**
  http://www.quebectel.com/escale/noel96/entre001.htm
  L'élève répond à certaines questions du père Noël. On peut recourir à la collaboration d'élèves plus vieilles ou plus vieux pour ce projet.

- **Le cycle de l'eau** *http://www.callisto.si.usherb.ca/~fbreton/spctouga.html*
  http://www.callisto.si.usherb.ca/~fbreton/spaveill.html
  Scénarios pédagogiques à réaliser avec des élèves de troisième année, inspirés du site **Conte-Goutte**. *http://207.35.70.11/st-bernard/decouvre/cycle/travail4.html*
  On y découvre des renseignements fort utiles pour bien encadrer les élèves. On invite les élèves à faire plusieurs expériences scientifiques. Texte interactif du style «Choisis ton histoire».

- **Deviens un lecteur stratégique**
  http://www.callisto.si.usherb.ca/~fbreton/bas/aslamira.htm
  On découvre dans ce site des exercices pour améliorer les stratégies de lecture (par exemple, résumer les paragraphes et utiliser les indices de textes). On y exploite le site de **Tintin**. *http://www.tintin.qc.ca/*

Éléments à exploiter : biographie, création d'une bande dessinée.

Particulièrement intéressant pour les élèves de la troisième année et plus vieux.

○ **Les petits débrouillards**   *http ://www.lespetitsdébrouillards.com/recreexp.htm*

Petits textes informatifs pouvant avantageusement être exploités avec les élèves présentant des difficultés en lecture. Les élèves peuvent également communiquer avec des personnes sur le site, ce qui offre la possibilité d'avoir des destinataires réels dans les activités d'écriture.

○ **Madame Cloé et monsieur Caramel**

http ://cyberscol.qc.ca/scenapri/schamsters.html

À partir d'un texte écrit par deux élèves, on accède à un scénario pédagogique qui suggère des activités avant, pendant et après la lecture.

Autres points d'intérêt : mots de substitution, mots de relation.

○ **L'univers des arbres**   *http ://www.domtar.com/arbre/verindex.htm*

Nombreux textes informatifs.

Dictionnaire.

Mots mystères.

Fiches pédagogiques.

De nombreuses adresses permettant de communiquer avec des spécialistes dans le domaine.

On propose des solutions pour traiter les arbres brisés par la tempête de verglas.

○ **Mon farfadet**   *http ://cyberscol.qc.ca/scenapri/p2frfarf.html*

Les trois courts textes présentés peuvent être utilisés pour travailler différentes stratégies de lecture.

Autre point d'intérêt : utilisation des pronoms et des référents.

○ **Technique SVA**   *http ://cyberscol.qc.ca/scenapri/SVA.html*

On peut travailler ce texte dans le cadre de l'étude des êtres vivants (sciences). Ce site contient un tableau à utiliser pour tirer profit de la technique SVA. Cette technique convient bien à un texte descriptif portant sur un animal que l'on aimerait exploiter en sciences.

○ **Tableau noir**   *http ://www.tableau-noir.com/*

Ressources diversifiées en lecture.

Liens avec différentes écoles francophones afin de réunir diverses classes.

Contes reproductibles, histoires créées par des élèves et autres outils à exploiter en salle de classe.

On y présente également une encyclopédie : **l'encyclopé Web.**
http ://www.tableau-noir.com/encyclopeweb/index.php3

○ **Journal *Le Droit***   *http ://www.ledroit.com/default.html*

Contient principalement des textes informatifs (articles de journaux).

On peut lire un certain nombre d'articles publiés la journée même. On peut même consulter les petites annonces ainsi que les cartes météorologiques des différentes régions du Canada.

- CONTES *http ://www.cam.org/~geln157/contes/contes.html*
  Contes à lire.
  - Améliorer les capacités de compréhension en lecture.
  Biographie de l'auteur. On peut aussi écrire à l'auteur.

- **Info-prof** *http ://www.geocities.com/livres_jeux/accueil/accueil.htm*
  On y retrouve quatre livres qui abordent différents thèmes dans chacune des saisons. L'élève peut écouter l'histoire de la page en cours. Un jeu vient compléter la lecture et suscite l'interaction. Textes très simples et bien illustrés.

- **Identifier l'animal** *http ://pages.infinit.net/jaser2/An.html*
  Reconnaissance globale des mots. L'enfant doit identifier l'animal correspondant au mot choisi.

- **Office canadien de commercialisation des œufs** (section : Activités pour enfants)
  http ://www.canadaegg.ca/francais/child/kids.html
  Texte incitatif. On peut travailler chez l'élève l'habileté à s'arrêter aux précisions dans un texte tout en faisant des activités amusantes.

Autoévaluation de l'enseignante ou de l'enseignant

Cochez les affirmations qui correspondent à ce que vous faites pour aider l'élève qui connaît des difficultés en lecture.

	Oui	Non
1. Je recours à la collaboration d'élèves plus vieilles ou plus vieux pour aider certaines ou certains de mes élèves.	☐	☐
2. J'organise un partenariat avec d'autres classes pour permettre à mes élèves de développer certaines compétences (par exemple, faire la lecture à des plus jeunes).	☐	☐
3. Je développe une certaine complicité avec des adultes afin que les efforts de mes élèves soient soutenus par des encouragements (par exemple, faire la lecture d'un texte à la ou au secrétaire de l'école).	☐	☐
4. J'utilise les personnes bénévoles comme personnes-ressources auprès des élèves en difficulté.	☐	☐
5. Je place l'élève en situation de réussite en modifiant son programme de lecture afin qu'il réponde à ses besoins.	☐	☐
6. J'utilise des moyens me permettant de connaître les intérêts de l'élève et de dresser son profil pédagogique.	☐	☐
7. J'ai trouvé des mentors ou d'autres soutiens externes (par exemple, des tutrices ou des tuteurs) pour aider l'élève en difficulté dans certaines circonstances (devoirs, activités de lecture, notes de cours, etc.).	☐	☐

Feuille
reproductible 1.1

Tes goûts et tes préférences

1. Parle-moi de ta famille. As-tu des frères et des sœurs ?

_____

_____

_____

2. As-tu un animal à la maison ? Si oui, parle-moi de lui.

_____

_____

_____

3. Quels sont tes animaux préférés ? Pourquoi ?

_____

_____

_____

4. Parle-moi de tes amies et amis.

_____

_____

_____

5. À quels jeux préfères-tu jouer dans la cour de récréation ?

_____

_____

_____

Nom : _____ Groupe : _____

Tes goûts et tes préférences

6. Joues-tu d'un instrument de musique ? Si oui, lequel ?

_____

7. Quel est ton sport préféré ? Pourquoi ?

_____

_____

_____

8. Que fais-tu pendant tes loisirs ?

_____

_____

_____

9. Quelle est ta vedette préférée ? Pourquoi ?

_____

_____

_____

10. Quel est ton mets préféré ?

_____

11. Qu'aimes-tu faire à l'ordinateur ?

_____

_____

_____

Tes goûts et tes préférences

12. As-tu déjà fait un voyage avec ta famille ? Raconte-moi ton expérience.

_____

_____

_____

13. Quelle est ta saison préférée ? Pourquoi ?

_____

_____

_____

14. Quelle matière préfères-tu à l'école ? Pourquoi ?

_____

_____

_____

15. Quelle matière aimes-tu le moins à l'école ? Pourquoi ?

_____

_____

_____

16. Parle-moi d'une histoire que tu as aimée.

_____

_____

_____

Nom: _____ Groupe: _____

Ton profil de lectrice ou de lecteur

Comment te sens-tu quand:	Heureuse/ Heureux	Malheureuse/ Malheureux
1. tu dois choisir un livre à la bibliothèque?	☐	☐
2. tu dois parler d'un livre que tu as lu?	☐	☐
3. on te pose des questions à la suite d'une lecture?	☐	☐
4. on te demande de réagir à un texte?	☐	☐
5. on te demande d'inventer la fin d'une histoire?	☐	☐
6. tu dois lire un texte à tes parents?	☐	☐
7. tu dois lire un texte à une ou à un camarade de la classe?	☐	☐
8. tu reçois de l'aide pour mieux comprendre un texte?	☐	☐
9. tu dois faire des activités de lecture?	☐	☐
10. tu dois lire à l'ordinateur?	☐	☐

Nom : _____   Groupe : _____

Ton attitude à l'égard de la lecture

1. Aimes-tu la lecture ? Pourquoi ?

_____

_____

_____

2. Veux-tu apprendre à lire ? Pourquoi ?

_____

_____

_____

3. Quand lis-tu à la maison ?

_____

4. Avec qui lis-tu ?

_____

5. Parle-moi du livre que tu as le plus aimé.

_____

_____

_____

6. À la fin de l'année, quel genre de lecture penses-tu être capable de faire ?

_____

_____

_____

Nom : _____ Groupe : _____

Ton attitude à l'égard de la lecture

7. Si on te donnait un livre, qu'aimerais-tu y découvrir ?

_____

_____

_____

8. Comment te sens-tu quand tu reçois un livre en cadeau ?

_____

_____

9. Comment te sens-tu quand quelqu'un te lit un livre ?

_____

_____

_____

10. Préfères-tu lorsque quelqu'un te lit un livre ou lorsque c'est toi qui lis un livre à quelqu'un ? Pourquoi ?

_____

_____

_____

Nom : _____   Groupe : _____

Fiche d'évaluation des compétences à développer en lecture

Autonomie au travail
Durant les activités de lecture, je :   **Oui** **Non**

1. fais preuve de ponctualité et je respecte les échéanciers
(par exemple, je remets mes résumés à temps).   ☐   ☐

2. travaille bien sans surveillance (par exemple, durant la période
de lecture personnelle).   ☐   ☐

3. choisis des livres qui sont appropriés à mon niveau.   ☐   ☐

4. fais preuve de persévérance.   ☐   ☐

5. fournis un effort continu.   ☐   ☐

6. commence mon travail rapidement.   ☐   ☐

7. gère le temps de manière efficace.   ☐   ☐

Sens de l'initiative
Durant les activités de lecture, je :   **Oui** **Non**

1. manifeste de l'intérêt, de la curiosité et de l'enthousiasme.   ☐   ☐

2. montre une attitude positive.   ☐   ☐

3. prends des risques (par exemple, si je ne connais pas
un mot, je fais une tentative pour en découvrir le sens).   ☐   ☐

4. trouve d'autres solutions lorsque je ne comprends pas
un mot ou un passage difficile.   ☐   ☐

5. gère efficacement ma compréhension au regard du texte et
utilise des stratégies de dépannage au besoin.   ☐   ☐

6. demande de l'aide si nécessaire.   ☐   ☐

Nom : _____ Groupe : _____

Rappel de texte

Titre du texte :

_____

1. De quoi parle-t-on dans ce texte ?

_____

_____

2. Comment est le personnage principal ?

_____

_____

3. Que se passe-t-il dans l'histoire ?

_____

_____

4. Où et quand l'histoire se passe-t-elle ?

_____

_____

5. Comment l'histoire se termine-t-elle ?

_____

_____

Nom : _____   Groupe : _____

Résumé de livre

Titre du livre :

_____

Dans ce livre, on parle de

_____

_____

_____

Le livre commence de la façon suivante

_____

_____

_____

Dans ce livre, voici ce qui se passe

_____

_____

_____

Le livre se termine comme ceci

_____

_____

_____

Nom : _____ Groupe : _____

Feuille
reproductible 1.7

Mon journal de bord en lecture

Dans mon journal, j'écris :

- ce que j'ai appris de nouveau ;
- ce que j'ai aimé et ce que je n'ai pas aimé ;
- les mots que j'ai trouvé difficiles ;
- les trucs que j'utilise pour lire plus facilement certains mots.

Date : _____ Titre : _____

Voici ce que j'ai retenu de ma lecture.

_____

_____

_____

Voici quelques mots difficiles. J'ai fait un dessin pour m'en souvenir.

_____

_____

_____

Nom : _____   Groupe : _____

Le perce-oreille

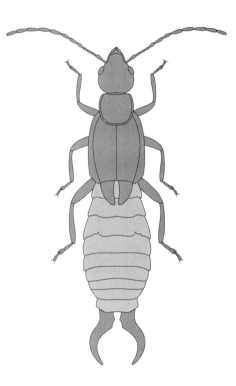

Le perce-oreille est un insecte que les gens détestent. Il vit autant à l'intérieur qu'à l'extérieur des logis. Il mesure 2 cm de long et possède des antennes. Une paire de pinces se trouve au bout de son abdomen. La femelle s'en sert pour protéger ses œufs des autres insectes.

C'est lorsqu'il fait noir que les perce-oreilles vont chercher de la nourriture. Ils mangent des feuilles, des pétales de fleurs, des fruits et des légumes.

Ils sont aussi utiles car ils s'attaquent à certains petits insectes nuisibles comme les pucerons.

Le perce-oreille
Questions de compréhension

1. Où le perce-oreille vit-il ?

_____

_____

2. À quoi sert la paire de pinces du perce-oreille ?

_____

_____

3. Que mange le perce-oreille ?

_____

_____

4. Pourquoi le perce-oreille est-il un insecte utile ?

_____

_____

5. Quelle expression signifie que le perce-oreille sort la nuit ?

_____

_____

6. Que penses-tu de cet insecte ?

_____

_____

_____

Nom : _____ Groupe : _____

Le perce-oreille
Jouons avec les mots

Encercle le mot qui se rapproche le plus de celui qui est encadré.

| logis | voiture | maison | toupie | chien |

| abdomen | quille | citrouille | corps | horloge |

| noir | obscurité | jour | botte | chemin |

| pétale | fleur | marteau | lampe | neige |

| puceron | boîte | insecte | ordinateur | crayon |

| nuisible | ami | tracteur | grange | ennemi |

| femelle | homme | femme | verre | orange |

| protéger | arbre | défendre | eau | rivière |

Exemple de lettre aux parents

Chers parents,

Des études montrent que les enfants obtiennent un meilleur rendement scolaire quand leurs parents participent activement à leur apprentissage. Les parents jouent donc un rôle de premier plan à cet égard. Étant donné que la compétence à lire est étroitement liée au rendement scolaire, il est essentiel de pouvoir compter sur votre appui pour favoriser les progrès de votre enfant dans ce domaine. Votre engagement à suivre l'évolution de votre enfant et à l'encourager dans ses apprentissages est de toute première importance.

Voici quelques suggestions qui permettront à votre enfant de développer sa compétence en lecture.

• Encouragez votre enfant à lire tous les jours.

• Visitez avec lui la bibliothèque municipale régulièrement.

• Offrez-lui la possibilité d'y emprunter des livres.

• Réservez du temps pour regarder en sa compagnie des livres ou des revues.

• Encouragez-le à discuter de ses lectures.

Il importe avant tout de valoriser les efforts de votre enfant en lecture et de l'amener à explorer différents genres de littérature.

Nous vous remercions de votre précieuse collaboration.

Fiche d'assiduité en lecture

Nom de l'enfant : _____

Voici le temps que notre enfant passe en moyenne à lire chaque jour :

_____ jamais ;

_____ moins de 10 minutes ;

_____ entre 10 et 20 minutes ;

_____ plus de 20 minutes.

Voici le genre de lecture que notre enfant préfère :

_____

_____

_____

_____

_____

_____

_____

_____

Signature des parents

_____

Vous êtes priés de retourner cette feuille à l'école le plus tôt possible.

Nom : _____ Groupe : _____

Ton profil de lectrice ou de lecteur

1. Lis-tu des livres lorsque tu es à la maison ? Si oui, quels genres de livres lis-tu ?

_____

_____

2. Empruntes-tu des livres à la bibliothèque municipale ? Si oui, est-ce une fois par semaine ? Une fois par mois ?

_____

3. Combien de livres lis-tu en une semaine ?

_____

4. Tes parents te lisent-ils des livres à la maison ?

_____

5. Tes amies ou amis te parlent-ils des livres qu'ils ont lus chez eux ?

_____

6. Parles-tu des livres que tu as lus avec tes amies ou amis ?

_____

_____

Feuille reproductible 1.13 (suite)

Ton profil de lectrice ou de lecteur

7. Connais-tu de bons livres ? Si oui, quels sont leurs titres ?

_____

_____

8. Y a-t-il des livres intéressants à la maison ? Si oui, quels sont leurs titres ?

_____

_____

9. Lis-tu parfois des notes que tes parents t'écrivent ? Si oui, à quelles occasions t'en écrivent-ils ?

_____

_____

10. As-tu des abonnements à des revues ? Si oui, quelles revues reçois-tu à la maison ?

_____

_____

Nom : _____   Groupe : _____

Feuille reproductible 1.14

Le foulard d'Armand

Armand adore son foulard.
Il regarde l'armoire.
Il prend son foulard.
Il le met autour de son cou.

Armand porte son foulard jaune.
Il dit qu'il est chaud.
Il n'arrête pas de parler de son foulard.

Armand porte son foulard partout.
Il le porte quand il fait froid.
Il le porte pour jardiner.
Il le porte quand il pleut.

Armand dit que son foulard est chaud.

Aimerais-tu avoir un foulard comme celui
d'Armand ?

Plan d'action

Éléments à améliorer	Actions à poser	Échéanciers à respecter	Ressources possibles

Nom : _____ Groupe : _____

Une promenade en forêt

1. Julie apporte un goûter. Michel a dans son sac quelques fruits.

    a) Julie apporte un goûter sauf que Michel apporte quelques fruits.

    b) Julie apporte un goûter et Michel apporte quelques fruits.

    c) Julie apporte un goûter pendant que Michel mange quelques fruits.

2. Un papillon passe. Les deux enfants le regardent.

    a) Un papillon passe parce que les deux enfants le regardent.

    b) Un papillon passe sans que les deux enfants le regardent.

    c) Un papillon passe pendant que les deux enfants le regardent.

3. Les enfants ont très faim. Ils s'assoient près d'un arbre.

    a) Les enfants s'assoient près d'un arbre pour se reposer.

    b) Les enfants s'assoient près d'un arbre pour manger.

    c) Les enfants s'assoient près d'un arbre parce qu'ils ont froid.

4. Après le repas, Julie et Michel ramassent des cailloux.
Ils reviennent à la maison avec quelques souvenirs.

    a) Julie et Michel ramassent des cailloux sans revenir avec des souvenirs.

    b) Julie et Michel ramassent des cailloux comme souvenirs.

    c) Julie et Michel reviennent pour ramasser des cailloux comme souvenirs.

Feuille
reproductible 1.17

Les reptiles

**Écris les noms que les pronoms
en caractères gras remplacent.**

_____

Les serpents, les tortues et les alligators sont tous des reptiles. **Ils** n'ont pas de poil.

_____

Les tortues portent une carapace. **Elles** s'en servent comme maison.

_____

Leur carapace est très lourde. C'est pourquoi **elles** se déplacent lentement.

_____

Les serpents et les alligators ont leur corps recouvert d'écailles. Il doit se

_____

maintenir à la même température que l'air. **Ils** sont des animaux à sang froid

_____

parce que leur corps ne se réchauffe pas par **lui-même**. Les crocodiles

_____

ressemblent beaucoup aux alligators. **Ceux-ci** ne montrent pas les dents de leur

_____

mâchoire inférieure lorsqu'**ils** ont la gueule ouverte. Même si les gens ne

_____

les aiment pas, les reptiles sont des animaux très utiles.

CHAPITRE 2

L'élève connaissant des difficultés en écriture

La manifestation des difficultés en écriture

Les principes à respecter

Des pistes de solutions

Les difficultés en écriture et leurs conséquences
dans les différentes matières

Internet au service des enfants en difficulté
Bottin de sites favorisant le développement
des compétences en écriture

Autoévaluation de l'enseignante
ou de l'enseignant

Des outils
Feuilles reproductibles

«Un texte bourré de fautes!» Voilà l'expression qui décrit bien la production écrite de l'élève connaissant de graves difficultés d'apprentissage. Il n'est pas surprenant que, bien souvent, dans ce cas, les mots se «taisent» et laissent la page blanche…

Quelles sont les difficultés en écriture fréquemment vécues dans les classes régulières? L'élève qui ne peut commencer sans aide sa rédaction, qui n'a pas d'idées, qui ne révise jamais son texte, qui présente un texte bourré de fautes. Ce sont là les situations les plus communes. Dans certains cas, l'enseignante ou l'enseignant responsable des élèves en difficulté rencontre l'élève pendant 20, 30 ou 40 minutes par jour mais, le reste du temps, qu'arrive-t-il? L'élève qui connaît des difficultés en écriture demeure bel et bien sous la responsabilité de la ou du titulaire qui en a la charge et constitue un membre à part entière de la classe régulière. D'où l'importance de bien cerner les problèmes qui découlent de ce fait et d'élaborer des pistes de solutions appropriées.

Dans ce chapitre, nous examinerons l'habileté à écrire sous différents angles. Plus particulièrement, nous tenterons de répondre aux questions suivantes: Quels sont les problèmes les plus fréquemment observés chez l'élève qui éprouve des difficultés à écrire? Quelles sont les pistes de solutions possibles? Comment corrige-t-on les textes de l'élève en difficulté? Quelles sont les approches pédagogiques à privilégier?

En fait, dans ce chapitre, on étudiera de nombreux moyens de favoriser le développement de l'habileté à écrire de façon à rendre la ou le titulaire plus efficace auprès de l'élève en difficulté dans le domaine de l'écriture.

La manifestation des difficultés en écriture

Les difficultés en écriture se manifestent de différentes façons. Les cas suivants en constituent des exemples.

1. Nicolas produit des textes où les pensées ne sont pas organisées. Lorsqu'il écrit un conte, par exemple, il se perd dans la description d'un personnage et n'aboutit jamais à l'action. Quels moyens peut-on utiliser pour lui permettre de mieux structurer ses textes?

2. Kathy ne peut amorcer seule une rédaction. Elle est dépourvue d'idées. Elle soupire, se montre découragée et nerveuse chaque fois qu'elle est placée en situation d'écriture. Elle est extrêmement lente et distraite. Elle n'arrête pas de dire que son voisin Alexandre l'agace. Comment peut-on l'amener à développer une certaine confiance en elle en situation d'écriture?

3. Stéphanie ne se donne pas la peine de réviser son texte. Elle écrit d'un seul jet, en quelques minutes, puis remet sa production écrite à son enseignante. Puisqu'elle est en très grande difficulté, son texte est bourré d'erreurs. Que peut-on faire pour l'inciter davantage à réviser et à corriger son texte?

4. Julie commence une phrase et ne la termine pas, si bien qu'elle peut composer deux pages de texte sans un seul point. Ce manque de structure fait en sorte que son texte est incompréhensible. Comment peut-on faire pour amener cette élève à prendre conscience de l'organisation que requiert un texte et des limites qu'exigent les phrases qui le composent?

5. Brigitte n'arrive pas à produire un texte car elle efface tout le temps. Elle écrit un mot, l'efface et recommence. Elle ne semble jamais contente des quelques mots qu'elle a péniblement écrits. Elle dit toujours qu'elle n'est pas bonne en écriture et qu'elle fait plein de fautes. Quels moyens peut-on mettre à la disposition de cette élève pour lui permettre de s'améliorer?

6. Justin emploie toujours les mêmes mots. Les seuls verbes qu'il utilise sont *avoir* et *être*. Pour décrire un objet, il parlera de la *chose* ou de l'*affaire*; pour le qualifier, il dira presque toujours qu'il est *beau* ou qu'il est *gros*. Il n'utilise pas de pronoms ni de synonymes. Comment peut-on l'amener à varier son vocabulaire, à mieux préciser sa pensée et à rendre ses textes plus intéressants à lire?

7. Éric éprouve beaucoup de difficultés à écrire les mots sans faire de fautes. Il mélange les lettres des mots, coupe les mots de façon inappropriée ou les regroupe lorsqu'il ne le faut pas. Il écrit phonétiquement (par exemple, *Je vè au ok* pour *Je vais au hockey*). Même la connaissance de l'ordre des lettres de l'alphabet n'est pas acquise. De plus, il fait preuve d'une résistance féroce à la recherche des mots dans le dictionnaire. Il subit un stress énorme durant les dictées et, malgré le temps incroyable qu'il passe à étudier des mots de vocabulaire, il ne parvient pas à maîtriser l'orthographe d'usage.

8. Michel s'efforce de remettre des textes bien écrits lorsqu'il est en situation d'écriture formelle (par exemple, lorsqu'il doit produire une rédaction). Par contre, quand on lui demande d'écrire un texte en mathématiques ou en sciences, il semble avoir oublié tous ses apprentissages en écriture. Que peut-on faire pour favoriser le transfert des connaissances chez cet élève?

Résumé

Les difficultés en écriture se manifestent de diverses façons.

- Manque d'organisation des textes.
- Difficulté à exprimer des idées.
- Lenteur extrême à écrire les mots.
- Oubli des règles de grammaire ou absence de transfert des connaissances en situation d'écriture spontanée.
- Manque d'engagement personnel dans la révision et la correction des textes.
- Confiance en soi défaillante quant à la capacité d'écrire.
- Carence dans la variété et la précision du vocabulaire.
- Lacune dans l'utilisation des connecteurs et des référents.
- Lacune en orthographe et en syntaxe, et difficulté dans l'application des règles de grammaire.

Indirectement, les difficultés en écriture peuvent avoir les conséquences suivantes.

- Distraction durant les rédactions.
- Attitude négative.
- Problème de comportement.
- Faible estime de soi.

Les principes à respecter

Les principes suivants, s'ils sont observés, permettront à l'enseignante ou à l'enseignant d'amener l'élève en difficulté à développer efficacement ses habiletés à rédiger un texte.

Faire écrire l'élève dans des contextes significatifs

L'écriture constitue avant tout un processus de communication ; elle est donc essentiellement une activité de construction de sens. Il faut éviter que les exercices d'écriture ne soient qu'une simple application de règles de grammaire ou qu'un concours d'orthographe. Les activités d'écriture ne doivent pas non plus être des exercices de transcription de mots isolés ou de phrases sans intérêt ; elles doivent plutôt s'inscrire dans des situations signifiantes. De nombreuses occasions peuvent être avantageusement exploitées pour inciter l'élève à écrire. À l'occasion d'un dîner communautaire, par exemple, les élèves préparent le menu, décrivent une recette ou envoient une lettre d'invitation ; on profite ainsi des circonstances pour exploiter plusieurs formes d'écriture. Il faut donc rechercher les événements de la vie réelle qui serviront d'assise à la motivation de l'élève pour écrire.

Déterminer les sujets qui intéressent l'élève

Il est essentiel de découvrir les sujets qui passionnent l'élève. Ce peut être la disparition des baleines ou un sport quelconque, par exemple. Il devient alors plus facile de créer des occasions d'écrire puisque les sujets sont une source de motivation pour l'élève. Pour bien connaître les sujets favoris de l'élève, il peut être utile de dresser son profil à l'aide d'un questionnaire ou de tenter de cerner ses goûts par une entrevue. Nous, adultes, écrivons plus facilement sur des sujets qui nous tiennent à cœur ou qui suscitent en nous un certain intérêt. Il en est de même pour l'élève, particulièrement pour celle ou celui qui a des réticences à écrire.

Valoriser les productions écrites par l'emploi de destinataires réels

La motivation à écrire est très étroitement liée aux destinataires à qui s'adresse l'écrit. L'élève n'a aucun plaisir à écrire si sa production se retrouve dans son pupitre puis à la poubelle, après quelque temps. L'enseignante ou l'enseignant se doit de fournir à l'élève des occasions inusitées de faire valoir ses productions ; en voici quelques-unes.

- Fait-on une affiche présentant les règlements de basket-ball ? Pourquoi ne pas suggérer de l'exposer dans le gymnase ?

- On peut utiliser le télécopieur pour que l'élève surprenne ses parents par un message.

- En jumelant sa classe avec celle d'une autre école, on peut établir une correspondance productive et faire des projets de recherche conjoints qui aboutissent à de nombreuses activités d'écriture.

- Internet fournit de multiples occasions de publier et de mettre en évidence une production écrite. On trouvera à la fin de ce chapitre une liste de sites offrant ce type d'activités.

- Les activités spéciales de l'école (journée sportive, vente-débarras, voyage éducatif, rencontre d'une personne célèbre, spectacle, etc.) et les événements vécus dans la communauté (festival, carnaval, élection municipale, fermeture d'un hôpital, etc.) constituent un réservoir immense de possibilités d'écrire.

Intégrer les sujets d'écriture des autres matières

Il faut faire en sorte que les compétences acquises dans le domaine de l'écriture puissent servir dans les différentes situations scolaires. On incitera donc l'élève à faire le transfert de ses apprentissages en exploitant les occasions de s'exprimer qui surviennent en sciences, en histoire, en études sociales, en mathématiques et en arts. Les exemples suivants pourront guider l'enseignante ou l'enseignant.

- À l'aide de statistiques (études sociales et mathématiques), l'élève saisit le danger d'assimilation que courent les Franco-Ontariens. Le projet d'écriture consiste en une lettre ouverte expédiée au journal de l'école ou dans l'hebdomadaire régional dans le but de sensibiliser le public en général à ce phénomène.

- Lorsque l'élève rédige un rapport de recherche pour le cours de sciences, pourquoi ne pas travailler également cette forme d'écriture pendant le cours de français?

- Après l'étude d'un certain concept en mathématiques, on peut demander à l'élève d'écrire une histoire, qui se passe dans un magasin ou ailleurs, où l'on utilise ce concept.

Inciter l'élève à s'investir dans sa démarche d'apprentissage

Il est primordial que l'élève prenne en charge son apprentissage. Pour le responsabiliser, on peut utiliser un questionnaire portant sur la pensée réflexive. L'entrevue demeure un moyen privilégié d'amener l'élève à améliorer ses productions écrites, particulièrement si on guide sa démarche à l'aide de questions de réflexion (feuille reproductible 2.1 et encadré 2.1). D'autres moyens sont aussi suggérés.

- Utilisation d'un aide-mémoire (feuille reproductible 2.2) permettant de faire les vérifications nécessaires.

- Emploi d'un registre des performances (feuille reproductible 2.3) amenant l'élève à établir un lien entre l'évaluation et le résultat dans son bulletin, et la ou le sensibilisant à l'évolution de ses habiletés dans le domaine de l'écriture.

- Usage du portfolio permettant de visualiser les progrès de l'élève par le regroupement des productions écrites à différents moments de l'année (voir la section «La gestion efficace des apprentissages grâce au portfolio» dans le chapitre 6).

- Utilisation d'une fiche d'autoévaluation de l'élève sur son attitude en situation d'écriture (feuille reproductible 2.4).

- Exploitation d'un journal de bord (feuille reproductible 2.5) où l'élève consigne des moyens pour mieux se rappeler certaines notions.

Créer des conditions susceptibles de favoriser l'apprentissage

L'enseignante ou l'enseignant doit mettre de l'avant les conditions menant au succès. Il se peut qu'elle ou qu'il doive faire des changements dans la salle de classe, notamment dans l'aménagement des pupitres, pour que l'élève puisse facilement recourir à l'aide d'un pair.

Réflexion de l'élève sur l'écriture

? Questions posées à l'élève	? Questions et pistes suggérées à l'enseignante ou l'enseignant
1. Nomme deux éléments que tu as améliorés depuis le début de l'année en écriture.	Comparons ton texte au premier texte que tu as écrit cette année. Regarde bien les idées, ton écriture, les erreurs que tu commettais, la façon dont tu disposais ton texte.
2. À quoi attribues-tu ce changement?	Que fais-tu maintenant lorsque tu écris que tu ne faisais pas auparavant? Que s'est-il passé?
3. Nomme trois éléments que tu trouves encore difficiles lorsqu'on te demande d'écrire un texte.	Est-ce de trouver les idées? Est-ce de respecter les échéanciers? Est-ce de penser à une ou à un destinataire? Est-ce de bien organiser ton texte? Est-ce d'appliquer dans ton texte les notions grammaticales apprises? Est-ce de bien écrire ton texte en cherchant à faire le moins de fautes possible?
4. Parmi les éléments que tu as mentionnés, choisis-en un sur lequel tu désires plus particulièrement travailler au cours des prochaines semaines.	Pense à ce qui te tracasse le plus. Y a-t-il un élément qui te frustre particulièrement? Que lui trouves-tu de difficile?
5. Choisis un texte que tu as particulièrement bien réussi. Comment as-tu fait pour trouver tes idées?	Pourquoi es-tu particulièrement fière ou fier de ce texte? Qu'est-ce qui rend ton travail particulièrement intéressant à lire? Qu'as-tu utilisé pour le rendre attirant? Quand tu n'as pas d'idées pour écrire un texte, que pourrais-tu faire?
6. Comment as-tu fait pour organiser ton texte?	Est-ce que ton texte est bien divisé en paragraphes? A-t-il un titre? A-t-il un début, un milieu et une fin?
7. Quels moyens as-tu employés pour faire la révision et la correction de ton texte?	Pourquoi trouves-tu plus facile d'employer ces moyens plutôt que d'autres? Quels autres moyens aurais-tu pu utiliser? Qu'est-ce qu'il y a dans la salle de classe, à la maison ou ailleurs qui pourrait t'aider à corriger ton texte?

8. Pourquoi ce texte est-il meilleur que d'autres que tu as écrits auparavant (par exemple, au début de l'année)?	Observe les idées développées, le vocabulaire, la ponctuation, la structure de tes phrases, l'application des notions grammaticales, les moyens visuels utilisés, l'apparence de ton travail.
9. Pourquoi as-tu choisi de publier ton texte de cette façon?	Si c'était à refaire, pourrais-tu trouver un moyen de le publier d'une façon différente?

L'élève doit disposer de matériel d'appoint, comme des affiches aide-mémoire, une banque d'idées de sujets de rédaction, une liste de mots fréquents ou un recueil thématique. Par ailleurs, l'enseignante ou l'enseignant doit faire preuve d'ingéniosité dans la recherche de moyens favorisant la progression de l'élève. S'il le faut, elle ou il se permettra quelques entorses à la routine de l'école, comme laisser l'élève circuler dans les corridors pendant les heures de classe afin qu'elle ou qu'il aille présenter ses productions écrites à des élèves plus jeunes; ces entorses sont généralement bien acceptées par la direction de l'école pour autant qu'elles soient justifiées.

Se concentrer sur les forces de l'élève et l'amener à prendre des risques

En mettant en évidence les éléments positifs de sa production écrite et en l'incitant à exploiter ses habiletés particulières (compétences en informatique, en dessin, en art visuel), l'enseignante ou l'enseignant valorise l'élève et lui donne une certaine confiance en ses capacités. Il est de première importance d'éliminer les appréhensions et les craintes que l'élève ressent à l'égard des situations de communication écrite et de lui faire prendre conscience de ses aptitudes réelles en écriture. En effet, une grande partie des échecs dans ce domaine sont attribuables à l'image que les élèves se font d'elles-mêmes ou d'eux-mêmes. De plus, quand on laisse une certaine latitude à l'élève, en lui offrant des options quant au sujet de rédaction ou en lui laissant la liberté de choisir les moyens de publication, par exemple, on lui permet parfois de dévoiler des talents jusque-là insoupçonnés. Enfin, il est capital de porter attention aux améliorations dans le travail de l'élève et de noter ses progrès, aussi minimes soient-ils.

Profiter de la compétence des autres élèves

La classe elle-même constitue souvent une ressource sous-exploitée. Les élèves, avec leurs talents diversifiés, leurs connaissances et leurs bagages culturels particuliers forment pourtant un réseau de compétences très riche. Ainsi, dans les situations d'écriture, les élèves peuvent s'échanger leurs textes. On peut également favoriser la rétroaction des élèves en leur demandant de laisser une page blanche à la fin de leur rédaction pour que les autres élèves puissent y inscrire leurs commentaires.

L'enseignante ou l'enseignant se doit d'amener les élèves à partager leurs connaissances, à s'entraider et à décrire leurs stratégies à l'aide de questions.

- Comment as-tu fait pour trouver tes idées ?
- Pourquoi sais-tu que le verbe est bien orthographié ?

On favorise également le développement et le transfert des compétences en amenant les élèves, durant le travail en petits groupes, à se poser des questions comme la suivante.

- Dans quelle autre situation pourrait-on employer le complément direct avec « avoir » ?

Certaines et certains élèves ne demandent pas mieux que d'exercer leur leadership et sont d'excellents professeurs en herbe. C'est une ressource qui peut être avantageusement exploitée.

Des pistes de solutions

L'enseignante ou l'enseignant trouvera dans la présente section des pistes pour aider l'élève qui connaît des difficultés en écriture. Les cas analysés se rapportent aux exemples présentés dans la section « La manifestation des difficultés en écriture », à la page 48.

L'élève qui ne peut structurer efficacement ses écrits (Nicolas)

Exemples de solutions :

- Discuter avec l'élève de certains textes et l'inviter à en repérer la structure générale (par exemple, le récit). Un texte est proposé à cette fin : « L'éléphant et le petit poney » (feuille reproductible 2.6). Inciter l'élève à raconter sa propre histoire (feuille reproductible 2.7).
- Lire un texte qui n'a aucune structure et demander ensuite à l'élève son impression générale (on peut, par exemple, utiliser un texte dont on a mélangé les différentes parties).
- Questionner l'élève pour vérifier s'il peut structurer oralement ses pensées avant de les mettre par écrit. Poser des questions commençant par : « où », « quand », « comment », « qui », « quoi ».
- Demander à l'élève de vérifier si son texte contient une introduction, un développement et une conclusion.

- Fournir le cadre nécessaire à la forme d'écriture. On trouvera dans l'encadré 2.2 et l'encadré 2.3 un canevas permettant de structurer un conte et une lettre.

- Demander à l'élève de raconter son histoire à un pair ; celui-ci doit s'assurer que l'histoire contient tous les éléments importants (feuille reproductible 2.8).

- Demander à l'élève de s'inspirer d'une histoire connue (comme «Le petit chaperon rouge») pour créer une nouvelle histoire en changeant des éléments (par exemple, le petit chaperon rouge rencontre un singe).

L'élève qui n'a pas d'idées (Kathy)

Il est possible que le sujet de rédaction proposé n'intéresse aucunement l'élève. Dans ce cas, on peut l'amener à concevoir une liste de sujets qui l'intéressent et qu'elle consultera en cas de besoin. Cette liste aura pour titre, par exemple, «Mon coffre au trésor» (feuille reproductible 2.9).

Encadré 2.2

Canevas pour un conte

On peut demander à l'élève de remplir le tableau en écrivant les réponses ou en les dessinant.

Éléments à préciser	Pistes suggérées
Le lieu et le temps	Où et quand se déroule l'histoire ?
Les personnages	Qui est le personnage principal ? Quelle apparence physique a-t-il ? Quel est son caractère ?
Le début de l'histoire	Que se passe-t-il au début ? Quels sont les sentiments des personnages ?
L'action	Qu'arrive-t-il ? Le personnage principal vit-il des difficultés ? Que font les autres personnages pour résoudre le problème ?
La fin de l'histoire	Quels sont les sentiments des personnages à la fin de l'histoire ? Ont-ils changé ? Y a-t-il une morale ou une leçon à tirer de l'histoire ?

Encadré 2.3

Canevas pour une lettre

⬭ Éléments à préciser	❓ Pistes suggérées
Bonjour…	Bonjour Joséphine!
Comment…	Comment vas-tu? Comment est ta maison? Comment est ton école?
Où…	Où habites-tu?
As-tu…	As-tu une belle chambre? As-tu un chien?
Est-ce que…	Est-ce que tu aimes ta nouvelle ville?
Voici de mes nouvelles…	Je fais du patinage artistique. Nous avons eu un chat. Il s'appelle Noiraud.
Au revoir…	Au revoir. J'espère que tu m'écriras bientôt.

L'élève énumérera dès le début de l'année les sujets qui la passionnent puis complétera la liste au fur et à mesure que lui viendront des idées au cours de l'année.

Autres exemples de solutions:

- Demander à l'élève d'amener son sac à malice[1] contenant des objets représentant l'histoire dont elle veut parler (encadré 2.4).

- Trouver une illustration qui intéresse l'élève et lui demander de dire les mots qui peuvent servir à raconter un événement ou une histoire se rapportant à cette illustration.

- Utiliser un tableau animé (appliques magnétiques) pour favoriser l'émergence des idées.

- Créer des situations où l'élève a plusieurs choix de productions.

- Inciter l'élève à s'investir dans ses apprentissages en la soumettant régulièrement à une autoévaluation.

....

1. Un *sac à malice* peut être simplement un sac à cadeau où l'enfant a placé les objets représentant l'histoire à raconter. On peut utiliser un sac en papier et demander de l'illustrer selon les étapes décrites.

Le sac à malice

1. Tu prends un sac en papier.
2. Tu penses à une histoire.
3. Tu dessines le personnage principal sur le devant du sac.
4. Tu dessines l'intrigue (le problème) de ton histoire au dos du sac.

5. Tu dessines la solution (comment le problème a été réglé) sur le fond du sac.
6. Tu dessines les personnages secondaires sur les côtés du sac.
7. Tu places à l'intérieur du sac quelques objets représentant les éléments importants de ton histoire.

- Demander à l'élève de se servir de l'art oratoire, d'indices visuels ou de marionnettes pour raconter son histoire avant de l'écrire.
- Utiliser la musique, le dessin ou des invités spéciaux comme éléments déclencheurs.
- Constituer une banque d'idées collective dans la classe et inciter l'élève à s'y référer en cas de besoin.
- Amorcer l'histoire et inciter l'élève à la poursuivre par des questions (feuille reproductible 2.10).

Il est également possible que l'élève dise ne pas avoir d'idées parce qu'elle ne voit pas l'utilité de faire un tel travail. Il est alors fondamental de lui proposer un destinataire réel. Internet, l'école ou la communauté peuvent être avantageusement exploités en ce sens. Il est également possible que le manque de confiance en soi ou la peur d'être jugée en fonction de ses fautes d'orthographe l'empêche d'amorcer une rédaction. Il peut alors être efficace de lui fournir les mots clés pouvant être utilisés dans sa rédaction et de l'encourager en insistant sur le message qu'elle transmettra dans sa production écrite.

L'élève qui ne se donne pas la peine de réviser son texte (Stéphanie)

- Insister auprès de l'élève sur l'utilisation du processus d'écriture (encadré 2.5) et lui demander de laisser des traces de son travail à chaque étape.
- Obliger l'élève à inscrire des marques de corrections.
- Demander à l'élève de nommer les outils utilisés pour vérifier ses écrits.

Les étapes du processus d'écriture

 1. La préparation

Les élèves se questionnent sur ce qu'ils veulent produire (l'intention) en tenant compte des destinataires (les personnes à qui s'adresse leur travail écrit). Ils tentent d'émettre le plus d'idées possible par rapport au thème.

On peut avoir recours à plusieurs techniques pour favoriser l'expression des idées : faire un remue-méninges, écouter de la musique, regarder des photos en sont quelques exemples.

 2. Le brouillon

C'est l'étape de la rédaction du texte. Les élèves s'inspirent des idées émises à l'étape précédente. Ils écrivent sans s'arrêter pour éviter de perdre le fil de leurs idées. Ils respectent les caractéristiques de la forme d'écriture choisie.

 3. La révision

Les élèves vérifient l'enchaînement logique de leurs idées et le sens de chaque phrase. Ils relisent leur texte afin d'y apporter les changements nécessaires et peuvent demander l'opinion d'une ou d'un autre élève. Ils modifient ensuite leur texte à la lumière des commentaires qu'on leur a faits.

 4. La correction

Les élèves corrigent leur propre travail. Ils s'attardent à l'orthographe des mots, vérifient les éléments grammaticaux et revoient la construction des phrases. Après une première correction, ils peuvent travailler deux par deux.

 5. La publication

Les élèves écrivent leur texte en fonction des consignes établies et du mode de présentation choisi.

- Mettre à la disposition de l'élève du matériel attrayant, facile d'accès et dont les contenus sont bien organisés.
- Modéliser la vérification en fonction du « comment faire » à l'aide d'une grille de révision.
- Soumettre régulièrement l'élève à une autoévaluation de son attitude en situation d'écriture (feuille reproductible 2.4).
- Utiliser l'approche coopérative (par exemple, le travail en dyades) pour que les élèves se questionnent sur les différentes étapes du processus d'écriture.

L'élève qui ne met ni point ni majuscule (Julie)

- Lire un texte à l'élève sans arrêter aux points pour lui faire prendre conscience de l'importance d'utiliser la ponctuation.
- Donner un texte où l'élève doit mettre les points aux bons endroits.

- Utiliser des boîtes pour encadrer les idées de l'élève (feuille reproductible 2.7). Elle doit remplir une boîte et mettre un point avant de passer à la boîte suivante.

On peut également utiliser plusieurs solutions suggérées pour l'élève qui ne peut structurer efficacement ses écrits (Nicolas).

L'élève qui n'arrive pas à écrire un texte parce qu'elle efface tout le temps et qu'elle n'accepte pas de faire des erreurs (Brigitte)

- Demander à l'élève de mettre sa gomme à effacer dans son pupitre au moment de rédiger un brouillon.

- Déterminer les craintes de l'élève au cours d'une entrevue. Les questions de la feuille reproductible 2.11 « Ton profil en situation d'écriture » peuvent servir d'amorce à la discussion.

- Concentrer les efforts sur les éléments de force de l'élève (par exemple, sa calligraphie).

- Enregistrer la composition de l'élève de façon à ce qu'elle puisse se rendre au bout de son idée.

- Insister sur le message plutôt que sur les règles d'orthographe et de grammaire.

On a peut-être trop insisté au cours des années précédentes sur les erreurs d'orthographe, au détriment du contenu du message. Dans certains cas, l'élève en vient à considérer l'écriture comme une occasion malheureuse de montrer sa maladresse. Pour renverser cette tendance, une insistance sur le message s'impose : ce que l'élève écrit est important pour ce qu'elle a à dire et non pour la façon dont elle le dit.

L'élève qui emploie toujours les mêmes mots (Justin)

- Amener l'élève à varier son vocabulaire en lui donnant des consignes telles que :

  - il est interdit d'utiliser le verbe « avoir » ou « être » ;

  - tu dois utiliser d'autres mots à la place des mots « chose » ou « affaire ».

- Proposer à l'élève des outils tels qu'un dictionnaire visuel ou des ouvrages de référence pour qu'il ait un choix de mots pour désigner des objets dont il ne connaît pas les noms.

- Lire à l'élève un texte où on répète toujours les mêmes mots et lui demander de l'améliorer.

- Lire à l'élève un texte où, au lieu d'utiliser des pronoms, on répète toujours les noms des personnages, et lui demander de modifier le texte pour le rendre plus intéressant.

- Amener l'élève à varier son vocabulaire en encerclant les mots qui se répètent dans ses textes et en lui demandant de chercher des synonymes pour remplacer ces mots.

L'élève qui éprouve beaucoup de difficultés à écrire les mots sans faire de fautes (Éric)

On ne peut demander à un scripteur peu habile de tout corriger. Il faut user de doigté lorsqu'on lui demande de corriger ses textes et cibler les éléments qui semblent les plus importants.

- Toujours chercher à développer l'estime de soi de l'élève ; une grande partie des difficultés d'apprentissage sont attribuables à l'image négative que l'élève a de ses capacités en écriture.

- Amener l'élève à oser écrire, à faire des essais, même s'il s'aventure à faire des erreurs.

- Intervenir sur l'essentiel et travailler les autres points faibles plus tard ; on peut, par exemple, laisser à l'élève le soin de corriger les éléments qui ont fait l'objet d'un approfondissement ; le reste du texte sera corrigé par l'adulte de façon à ce que l'élève soit fier d'une production complétée, lisible et sans fautes.

- Proposer à l'élève des formes d'écriture courtes et simples (affiche, court message, carte de souhaits, slogan, invitation, recette, annonce) et mettre à sa disposition des modèles qui lui serviront d'inspiration.

- Inviter l'élève à se donner des points de repère dans son journal de bord (feuille reproductible 2.5) afin qu'il puisse utiliser efficacement les éléments grammaticaux étudiés.

Une rencontre avec l'élève (entrevue) est un moyen privilégié de connaître les stratégies qu'il emploie et de comprendre sa progression dans l'apprentissage de ces stratégies. Au cours de cette rencontre, il faut :

- écouter l'élève, le questionner, l'encourager, le conseiller et le guider ;

- mettre l'accent sur les habiletés qu'il maîtrise bien ;

- ne discuter que de quelques-unes de ses faiblesses et lui demander de trouver des solutions pour y remédier, solutions qui pourront ensuite être illustrées dans son journal de bord.

Il est important que l'élève visualise ses progrès. Le portfolio constitue sans aucun doute le moyen idéal d'encourager l'élève dans sa progression.

L'élève qui ne transfère pas ses connaissances dans d'autres domaines (Michel)

- Repérer dans les textes de l'élève en sciences, en mathématiques ou dans d'autres matières les difficultés enseignées (par exemple, la règle du participe passé).

- Varier les contextes d'utilisation d'un élément d'apprentissage (demander à l'élève, par exemple, en mathématiques, de créer un problème en utilisant des verbes à la 3ᵉ personne du pluriel.
- Susciter les occasions d'écrire pour différents motifs qui ne sont pas propres au cours de français.

Les difficultés en écriture et leurs conséquences dans les différentes matières

L'écriture fait partie intégrante de chaque matière au programme. De nombreuses occasions d'écrire sont fournies par les multiples situations d'apprentissage ou d'évaluation.

L'élève éprouvant des difficultés en écriture présente habituellement des lacunes majeures sur le plan de l'application des règles de grammaire, de l'emploi correct du vocabulaire et de la qualité de l'orthographe. En effet, plusieurs élèves en difficulté d'apprentissage montrent un déficit de l'intégration du son-symbole (graphème-phonème) ou une incapacité à retenir la configuration de certains mots entiers. Chez certaines et certains élèves, l'aspect moteur de l'acte d'écrire (mouvements requis pour former des lettres et des mots) exige une énergie considérable. Durant les activités pédagogiques utilisant l'écriture, il peut arriver que ces élèves perdent le fil des idées à exprimer et que leurs textes produits en situation d'apprentissage ou en situation d'évaluation soient totalement illisibles parce que les lettres sont mal formées. On rencontre également des élèves qui ne peuvent structurer efficacement leurs textes. Elles ou ils éprouvent en effet de la difficulté à développer leurs idées autour des principaux éléments de leurs rédactions.

Le fait que l'élève éprouve de la difficulté à écrire aura des répercussions dans tous les programmes d'étude. On voit, par exemple, des rapports scientifiques désorganisés ou des projets de recherche inachevés. Le fait que l'élève n'ait pas la même aisance que les autres pour écrire s'avère déjà une épreuve difficile. Elle ou il connaîtra des difficultés en français, où l'écriture est une composante fondamentale, et elle ou il risque d'accuser de sérieux retards dans plusieurs matières si aucune mesure d'adaptation n'est prise. Il va de soi qu'on doit tout mettre en œuvre afin de ne pas pénaliser davantage l'élève.

Voici, dans les différentes matières, quelques répercussions de la difficulté à écrire :

- L'élève ne peut écrire au même rythme que la plupart des autres élèves les notes de cours que l'enseignante ou l'enseignant donne pour soutenir son enseignement.

- Les notes de cours que l'élève transcrit du tableau contiennent beaucoup d'erreurs et sont même parfois illisibles.

- On remarque souvent une lenteur dans la transcription des notes, ce qui a pour conséquence que l'élève ne recueille que des informations incomplètes. Il devient alors difficile pour l'élève de réviser convenablement une matière puisqu'elle ou puisqu'il ne dispose pas des sources d'information dont les autres élèves bénéficient.

- Les activités écrites proposées par l'enseignante ou l'enseignant ou suggérées dans un manuel de base ne pourront être effectuées à un rythme satisfaisant et leur qualité sera affectée par les lacunes de l'élève en écriture.

- L'enseignante ou l'enseignant pourra difficilement lire les travaux de l'élève en difficulté; l'élaboration de ses idées, l'organisation de ses textes et la qualité de son orthographe auront des répercussions sur son évaluation.

- Durant une évaluation, son souci de bien écrire angoissera tellement l'élève qu'elle ou qu'il en oubliera de montrer ses compétences dans le domaine étudié (on note souvent une régression de l'habileté à écrire, particulièrement dans des situations engendrant du stress, comme les évaluations).

- Dans les évaluations, il n'est pas rare de voir des parties non complétées, l'élève en difficulté ayant manqué de temps pour rédiger toutes ses réponses.

- Dans les évaluations, les idées sont souvent décousues, le texte justifiant les énoncés n'est pas étoffé; l'acte d'écrire draine une grande part de l'énergie qui devrait être dévolue à la formulation des réponses.

- Connaissant ses lacunes en écriture, l'élève refusera d'écrire; cette attitude risque de l'entraîner dans les dédales des problèmes de comportement et son rendement en souffrira dans toutes les matières.

- Très souvent, l'élève se dira incapable de réussir un test ou montrera du découragement devant la longueur de la production écrite demandée.

Moyens d'adaptation suggérés

En situation d'apprentissage, il faut :
- fournir à l'élève des notes de cours photocopiées (il peut s'agir de celles de l'enseignante ou de l'enseignant ou de celles d'une ou d'un élève dont les notes sont généralement bien rédigées);
- lui donner plus de temps pour effectuer les exercices où l'on demande d'écrire;
- lui suggérer d'utiliser l'ordinateur pour rédiger ses travaux ou pour écrire ses notes de cours;
- l'inciter à employer un correcteur électronique;
- lui remettre une liste de mots difficiles à écrire;

- créer un référentiel contenant les mots le plus fréquemment utilisés (par exemple, en sciences, les termes scientifiques; en histoire, les lieux, les dates et les noms des personnages historiques; en mathématiques, le vocabulaire spécifique);
- lui permettre d'enregistrer les leçons sur bandes audio;
- énoncer *lentement* les directives et les informations qui doivent être écrites;
- diminuer la quantité de travail écrit en demandant, par exemple, un travail plus simple au plan de l'écrit mais permettant tout de même de mettre en évidence les compétences développées;
- structurer le travail à l'aide d'un gabarit, pour un rapport scientifique, par exemple;
- offrir ce gabarit sur disquette;
- lui suggérer d'utiliser un aide-mémoire de façon à lui permettre de repérer facilement les éléments devant faire l'objet d'une étude ou devant être inclus dans un travail;
- varier les stratégies d'enseignement en utilisant d'autres moyens que l'approche papier/crayon;
- exploiter ses forces pour mettre en valeur ses écrits (arts, communication orale, compétences en informatique, etc.).

En situation d'évaluation, il faut:
- diminuer le nombre de questions;
- ne pas imposer une limite de temps; le facteur temps entraîne automatiquement une situation d'échec chez l'élève connaissant des difficultés à écrire;
- limiter les tests papier/crayon;
- faire le test oralement;
- permettre à une autre personne d'écrire les réponses que l'élève lui dicte;
- enregistrer les réponses de l'élève à l'aide d'un magnétophone;
- utiliser tous les moyens permettant à l'élève de démontrer sa compréhension (art visuel, informatique, art dramatique, etc.);
- fournir un gabarit (par exemple, pour un rapport en sciences) afin que l'élève organise mieux son texte ou lui remettre une liste de termes difficiles à écrire;
- fournir à l'élève des phrases à compléter pour qu'elle ou qu'il n'ait pas à écrire longuement pour montrer ses connaissances;
- lui suggérer d'utiliser l'ordinateur;
- vérifier si l'écriture n'est pas un obstacle à l'expression de ses compétences et, si c'est le cas, discuter avec l'élève de la façon dont elle ou il pourrait les mettre en évidence;

L'élève connaissant des difficultés en écriture

- exploiter ses forces, non ses faiblesses : l'élève connaît ses difficultés en écriture ; on ne doit donc pas la ou le pénaliser davantage dans une matière autre que le français à cause de cette lacune ;
- se rappeler que ce sont les compétences dans une matière qui sont évaluées, non les habiletés à écrire.

Enfin, si on ne veut pas indûment pénaliser l'élève, il peut être sage de lui permettre de montrer ses compétences dans une matière par un média autre que l'écriture. On peut l'encourager à faire valoir ses acquis par des moyens mettant en valeur ses forces : le dessin, l'enregistrement, l'expression dramatique, l'élaboration de projet, etc.

Internet au service des enfants en difficulté

Bottin de sites favorisant le développement des compétences en écriture

- **Souhaits de Noël et du nouvel an**
  http ://www.quebectel.com/escale/noel96/souhaits.htm
  L'élève peut lire les souhaits des autres élèves. L'élève écrit son texte et peut le faire publier sur le site.

- **Ah! Comme la neige a neigé!**
  http ://www.quebectel.com/escale/noel96/poeme001.htm
  L'élève a accès à un répertoire de poèmes écrits par d'autres élèves ; elle ou il peut publier ses propres poèmes.

- **Les enfants d'Anatole** (France)
  http ://www.ac-amiens.fr/college60/afrance_montataire/
  L'élève présente son texte. D'autres élèves le commentent. L'élève a accès au courrier du lecteur où elle ou il peut émettre son opinion sur différents sujets.

- **CyberPresse**   *http ://CyberScol.qc.ca/scenapri/p4frpres.html*
  Scénario pédagogique où l'écriture est à l'honneur.
  Les élèves ont des destinataires réels en publiant leurs écrits dans Internet, ce qui est une grande source de motivation.

- **Cyber Zoo**   *http ://Darwin.CyberScol.qc.ca/Expo/Zoo/Fiches/Accueil.html*
  On y présente différents scénarios pédagogiques ainsi que des liens avec d'autres sites traitant d'animaux. L'élève peut écrire au gardien du zoo.

- **L'ours blanc**   *http ://www.magi.com/%7esaumure/ours.html*
  Exemple d'un projet qu'un élève de cinquième année a élaboré.

- **Visite chez le père Noël**   *http ://www.callisto.si.usherb.ca/~fbreton/spjeroma.html*
  Ce site décrit très bien, pour une activité donnée, la mise en situation, le déroulement et les formes d'évaluation possibles avec des élèves de deuxième année. On y trouve également des commentaires fort utiles pour la gestion du travail en équipe. Le site contient une référence au site de **Quebectel** :
  http ://www.quebectel.com/noel/

- **Console d'écriture**   *http ://console.educ.infinit.net/cgi-console/console.exe*
  Le site amène l'élève à raffiner son texte, à varier son vocabulaire, à développer une pensée plus analogique. Choisir « Les citations ». Les citations sont regroupées par thèmes :
  - Animaux domestiques
  - Animaux sauvages
  - Attente-durée
  - Campagne
  - Cris, bruits
  - École-enfants
  - Habitation
  - Mauvais temps
  - Nuit
  - Objets divers
  - Peur

○ **Améliorez votre orthographe**

http ://www.montefiore.ulg.ac.be/~bronne/pivot/trucs.html

Ce site peut être exploité de pair avec certaines notions grammaticales vues en classe : erreurs courantes, homophones fréquents, stratégies pour mieux retenir l'orthographe, noms au genre peu évident.

○ **L'Écrit-Tôt… L'Em-presse**

http ://www.rtsq.qc.ca/multip/projets/journal/index.htm

Un support à l'écriture pour les élèves du premier cycle, et un journal pour les élèves du deuxième cycle où l'on peut exprimer ses goûts et ses sentiments et s'échanger des résumés de livres.

○ **Les écrits de la grenouille bleue**   *http ://www.grenouille-bleue.com/*

Ce site permet la publication des écrits des élèves. Il permet également de découvrir différentes formes d'écriture et de jouer avec les mots.

Autoévaluation de l'enseignante ou de l'enseignant

Cochez les affirmations qui correspondent à ce que vous faites pour aider l'élève qui connaît des difficultés en écriture.

	Oui	Non
1. Je m'assure de proposer des situations d'écriture où l'élève a une ou un destinataire réel.	☐	☐
2. Je choisis des tâches d'écriture qui sont en relation avec le vécu de l'élève.	☐	☐
3. Je m'assure que l'élève a plusieurs choix de situations d'écriture.	☐	☐
4. Je fournis à l'élève des outils appropriés (aide-mémoire, grille d'autoévaluation, boîte à idées, etc.).	☐	☐
5. J'engage les parents dans le processus d'apprentissage en les informant des activités d'écriture en cours et en les renseignant sur la façon dont ils peuvent aider leur enfant.	☐	☐
6. Durant le travail d'équipe, je favorise l'intégration des élèves connaissant des difficultés en m'assurant qu'elles ou qu'ils puissent jouer un rôle actif.	☐	☐
7. Je m'assure que l'élève qui éprouve des difficultés à écrire bénéficie des ressources nécessaires dans les différentes matières en lui fournissant, par exemple, des photocopies des notes de cours.	☐	☐
8. Je m'assure que les différents intervenants coordonnent leur action; par exemple, la personne qui enseigne l'anglais connaît les difficultés de mon élève et sait comment intervenir; celle qui s'occupe des élèves en difficulté est renseignée sur les thèmes travaillés en classe et sur les préoccupations que suscite l'élève.	☐	☐
9. Lorsque je dois m'absenter, je laisse une note à la personne suppléante pour lui demander de ne pas défavoriser l'élève en difficulté dans les exercices d'écriture.	☐	☐
10. Je rencontre régulièrement l'enseignante ou l'enseignant responsable des élèves en difficulté ainsi que les autres intervenants de mon école pour faire le point sur la situation des élèves en difficulté de ma classe.	☐	☐

L'élève connaissant des difficultés en écriture

Feuille reproductible 2.1

Ta réflexion sur l'écriture

1. Nomme deux éléments que tu as améliorés depuis le début de l'année en écriture.

_____

2. À quoi attribues-tu ce changement ?

_____

3. Nomme trois éléments que tu trouves encore difficiles lorsqu'on te demande d'écrire un texte.

_____

4. Parmi les éléments que tu as mentionnés, choisis-en un sur lequel tu désires plus particulièrement travailler au cours des prochaines semaines.

_____

5. Choisis un texte que tu as particulièrement bien réussi. Comment as-tu fait pour trouver tes idées ?

_____

6. Comment as-tu fait pour organiser ton texte ?

_____

7. Quels moyens as-tu employés pour faire la révision et la correction de ton texte ?

_____

8. Pourquoi ce texte est-il meilleur que d'autres que tu as écrits auparavant (par exemple, au début de l'année) ?

_____

9. Pourquoi as-tu choisi de publier ton texte de cette façon ?

_____

Feuille reproductible 2.2

Aide-mémoire en écriture

	Oui	Non
1. J'ai trouvé une ou un destinataire.	☐	☐
• Il s'agit de : _____		
2. J'ai suivi la démarche du processus d'écriture.		
a) J'ai fait un plan ou une toile d'araignée.	☐	☐
b) J'ai rédigé un brouillon.	☐	☐
c) J'ai apporté des modifications à mon texte en reformulant les idées, en restructurant le texte ou en retravaillant les phrases.	☐	☐
• J'ai laissé des marques de ces modifications.	☐	☐
d) J'ai corrigé les erreurs d'orthographe, d'accord ou de ponctuation.	☐	☐
• J'ai laissé des marques de ces corrections.	☐	☐
e) J'ai mis mon texte au propre.	☐	☐
3. J'ai consulté une ou un camarade de classe pour vérifier mon texte.	☐	☐
• Il s'agit de : _____		

Registre des performances

Nom de l'élève : _____

Nom de l'activité	Attentes et contenus visés	Niveau	Date	Commentaires

Nom : _____ Groupe : _____

Fiche d'autoévaluation de mon attitude en situation d'écriture

Lorsqu'on me demande de faire une production écrite:	**Oui**	**Non**
1. je me mets tout de suite à la tâche.	☐	☐
2. je me concentre sur le travail à faire.	☐	☐
3. je persévère devant une difficulté.	☐	☐
4. je fais le travail sans chercher à obtenir l'attention de mon enseignante ou de mon enseignant.	☐	☐
5. je me sers des outils que mon enseignante ou mon enseignant m'a donnés.	☐	☐
6. je sais où aller chercher de l'aide.	☐	☐
7. j'ai une attitude positive tout au long du travail.	☐	☐
8. je respecte les échéances.	☐	☐

Nom : _____   Groupe : _____

Mon journal de bord en écriture

Je développe des stratégies pour mieux me rappeler certaines notions.

Notion : on/ont

<u>On</u> : Je peux dire <u>Luc</u>.
Exemple : <u>On</u> va à cheval.
<u>Luc</u> va à cheval.

<u>Ont</u> : Je ne peux pas dire Luc. Je peux dire <u>avaient</u>.
Exemple : Lucie et Julie <u>ont</u> dansé.
Lucie et Julie <u>avaient</u> dansé.

Notion :

Notion :

Chapitre 2

Feuille reproductible 2.6

L'éléphant et le petit poney

Il était une fois un éléphant et un petit poney.

Voici ce qui arriva : l'éléphant a dit qu'il était l'animal le plus gros et le plus important du cirque. Le poney a répondu qu'il était plus malin que lui et qu'il pouvait courir plus vite.

Tout à coup, Pedro, le dompteur, est arrivé et il leur a expliqué qu'ils étaient tous les deux très importants. Il avait besoin d'un poney parce que les enfants le trouvaient élégant et il ne pouvait se passer d'un éléphant parce que les artistes ne pourraient effectuer leur numéro.

Pedro leur a dit qu'il faut travailler en équipe pour bien réussir dans le cirque.

Le poney a donc demandé à l'éléphant s'il voulait être son ami. L'éléphant a répondu qu'il désirait voir les enfants heureux et qu'à deux, c'était beaucoup plus intéressant de travailler.

Finalement, le poney et l'éléphant sont depuis ce temps les meilleurs amis du monde. C'est pourquoi on rencontre souvent ces deux animaux inséparables dans les cirques.

Nom : _____ Groupe : _____

Raconte ta propre histoire

Il était une fois

_____

_____

_____

Il arriva

_____

_____

_____

Tout à coup

_____

_____

_____

Puis

_____

_____

_____

Finalement

_____

_____

_____

Nom : _____ Groupe : _____

Éléments importants d'une histoire

Quand tu écris une histoire, pose-toi les questions suivantes.

Le début

- Comment ton histoire commence-t-elle ?

Le où

- Est-ce que tu indiques où se passe l'action ?
- Quels sont les mots qui précisent le lieu ?

Le quand

- Est-ce que tu situes ton histoire dans le temps ?
- Quels sont les mots qui précisent le moment ?

Le quoi

- Est-ce qu'il y a des éléments excitants dans ton histoire qui la rendent spéciale ?
- Dans ton histoire, comment les personnages réagissent-ils aux événements ?
- Lorsque tu lis ton histoire à une autre personne, quels sont les commentaires de cette personne ?

Le qui

- Est-ce que tu décris tes personnages ?
- Quels sont les mots qui précisent comment ils sont physiquement ?
- Quels sont leurs traits de caractère ?

La fin

- Comment ton histoire se termine-t-elle ?
- Y a-t-il une morale ou une leçon à en tirer ?

Nom : _____ Groupe : _____

Mon coffre au trésor

Voici les sujets d'écriture qui m'intéressent le plus.

1.	9.
2.	10.
3.	11.
4.	12.
5.	13.
6.	14.
7.	15.
8.	16.

Nom : _____ Groupe : _____

Maintenant, j'écris.

 Imagine que tu aperçois un alligator dans la cuisine à 2 h 30 du matin, comme cette pauvre Mélanie. Elle s'est réveillée en sursaut grâce aux cris de son perroquet. Le long saurien a fait tomber la moustiquaire de la porte et cherche à rejoindre les deux petits caniches qui aboient furieusement. Imagine la suite de l'histoire.

Voici des questions qui peuvent t'aider.

Que va-t-il se passer ?

Mélanie réussira-t-elle à s'en sortir ?

Qu'arrivera-t-il aux deux chiens ?

Que fera-t-on de l'alligator ?

Comment réagirais-tu si tu étais à la place de Mélanie ?

_____

_____

_____

_____

_____

_____

_____

_____

_____

_____

Nom : _____ Groupe : _____

Ton profil en situation d'écriture

Comment te sens-tu quand :	Heureuse/ Heureux	Malheureuse/ Malheureux
1. tu dois utiliser le processus d'écriture ?	☐	☐
2. tu dois écrire une histoire ?	☐	☐
3. ton enseignante ou ton enseignant corrige ton texte ?	☐	☐
4. tes parents lisent ce que tu as écrit ?	☐	☐

L'élève connaissant des difficultés en résolution de problèmes

P our de nombreux élèves, les mathématiques sont une source
d'échecs répétés. Parfois, la peur et l'angoisse suscitées par l'insuc-
cès vécu quotidiennement font en sorte que l'élève rejette les mathématiques de façon définitive.

Le but de notre action en tant que pédagogues est d'abord de tenter de
réconcilier l'élève avec les mathématiques. On pourrait parler longuement
de tous les problèmes relatifs aux mathématiques que l'on connaît en
classe ; nous avons cependant choisi d'aborder principalement les difficultés vécues dans le domaine de la résolution de problèmes.

Il va sans dire que l'étude de ce sujet génère beaucoup plus de questions
qu'elle n'apporte de réponses. Ce serait trop facile de pouvoir appliquer
une recette miracle convenant à l'ensemble des élèves en difficulté. Ce qui
compte, c'est de chercher des moyens d'aider l'élève à faire le cheminement nécessaire qui l'amènera à progresser. Ce petit quelque chose de plus
qu'on lui présentera (ou cette chose connue qu'on lui montrera sous un
jour nouveau) lui permettra peut-être de redécouvrir, dans un meilleur état
d'esprit, les mathématiques et de les comprendre véritablement.

Mais qu'est-ce qu'un problème ? Selon Tardif, quatre caractéristiques
déterminent un problème. Dans un problème, il y a d'abord un but à
atteindre. On y trouve également un certain nombre de données à l'aide
desquelles on peut s'en faire une représentation. Le problème comporte
aussi des obstacles ou des contraintes à surmonter. La quatrième caractéristique est le fait que la personne doit faire une recherche cognitive active
pour savoir comment procéder pour résoudre le problème[1].

En fait, c'est la personne elle-même qui perçoit le problème, qui le construit et qui désire s'y attaquer. C'est également la personne qui décide
d'utiliser ses habiletés intellectuelles pour y trouver une solution. Un problème n'existe donc que dans l'univers d'une personne.

Pour que la résolution d'un problème en mathématiques mène à une
démarche constructive, trois conditions principales doivent être réunies.

- La situation présentée doit permettre de répondre à une question, de
  créer un déséquilibre cognitif, de viser un but.
- La tâche demandée doit comporter un défi.
- L'élève doit faire appel à des notions mathématiques ou à des compétences en mathématiques pour trouver la solution.

Cette phrase de Jean Dionne résume bien la problématique des élèves en
difficulté : « La connaissance mathématique ne peut se transmettre, seul
l'élève peut la construire pour lui-même[2]. »

▲▲▲▲▲▲▲▲▲▲▲▲▲▲▲▲▲

1. Jacques Tardif, *Pour un enseignement stratégique : l'apport de la psychologie cognitive*,
   Montréal, Logiques, 1992, p. 236.
2. Line Saint-Laurent et autres, *Programme d'intervention auprès des élèves à risque : une nouvelle
   option éducative*, Boucherville, Gaëtan Morin éditeur, 1995, p. 191.

La manifestation des difficultés en résolution de problèmes

Les difficultés en résolution de problèmes se manifestent de différentes façons. On trouvera dans la présente section quelques exemples typiques de ces manifestations, plus particulièrement observables chez l'élève en difficulté d'apprentissage.

1. Marc est un élève passif en mathématiques. Lorsqu'il doit résoudre un problème, il ne sait par quel bout commencer. Il ne fait aucune tentative. Il attend. Il utilise finalement les chiffres donnés sans toutefois véritablement comprendre pourquoi.

2. Michel résout les problèmes de façon mécanique, sans réfléchir. Il ne peut utiliser les procédures appropriées dans diverses situations de la vie réelle.

3. Sergine ne parvient pas à mémoriser les tables d'addition et de multiplication. Évidemment, cela lui occasionne de nombreuses difficultés lorsque vient le temps de résoudre des problèmes de mathématiques. De plus, elle ne se souvient que difficilement des termes mathématiques et est très souvent confuse devant les problèmes à effectuer.

4. Renée est excessivement nerveuse en situation de résolution de problèmes. À la seule idée de se trouver dans cette situation, elle est littéralement malade. Elle ne comprend pas les directives, se montre distraite, se laisse déranger constamment et a de la difficulté à sélectionner convenablement les informations et à les utiliser convenablement.

Résumé

Les difficultés en résolution de problèmes se manifestent de diverses façons.

- Manque d'engagement personnel au plan de la sélection des informations.
- Confiance en soi défaillante quant à la capacité de résoudre des problèmes.
- Carence au plan de la capacité de mémoriser les tables d'addition et de multiplication, et des termes mathématiques.
- Confusion dans l'utilisation de la procédure appropriée pour résoudre un problème.
- Déficit au plan de la reconnaissance des éléments essentiels par rapport à ceux qui sont accessoires.
- Lacune dans la sélection et l'utilisation des informations pertinentes au problème.
- Absence de planification pour résoudre de façon économique un problème.

Indirectement, les difficultés en résolution de problèmes peuvent avoir les conséquences suivantes.

- Distraction durant les activités.
- Attitude négative à l'égard du travail demandé.
- Problème de comportement.
- Faible estime de soi.

Les principes à respecter

Une certaine méthode est nécessaire pour aider l'élève à aplanir ses difficultés dans la résolution de problèmes. L'enseignante ou l'enseignant trouvera dans la présente section des principes qui devraient la ou le guider dans ses interventions auprès de l'élève en difficulté.

Offrir des activités stimulantes inspirées de la vraie vie

Selon Jean-Paul Moulin, apprendre, c'est «chercher à établir un équilibre entre sa réalité propre et l'environnement. Chaque fois qu'il y a un problème, il y a une situation d'apprentissage[3].» Selon cet auteur, à l'école, l'élève utilise trop de temps et d'énergie à tenter de répondre à des questions qu'elle ou qu'il ne se pose pas. On devrait plutôt proposer à l'élève de véritables situations d'apprentissage. Mille et une occasions de travailler les mathématiques et de développer la compétence à résoudre des problèmes se présentent dans l'école et dans la communauté.

Déterminer les intérêts de l'élève

«L'enseignant doit proposer des situations où l'élève peut exister comme enfant[4].» Cette phrase résume bien la problématique de l'apprentissage des mathématiques. On doit créer des situations d'apprentissage en lien avec le vécu de l'élève et qui concernent ses préoccupations. Alors seulement l'activité et les produits qui en découlent pourront avoir du sens[5].

---

3. Jean-Paul Moulin et Paul Vetter, «Des élèves à mieux connaître», *Résonances*, [En ligne], n° 8, juin 1997. [http://www.ordp.vsnet.ch/Resjuin97/eleve.htm] [5 juillet 2000].
4. *Ibid.*
5. Lise Saint-Laurent, *op. cit.*, p. 192.

Donner à l'élève de bons outils

Il est essentiel d'utiliser des outils qui permettent à l'élève de participer activement à la recherche d'une solution efficace d'un problème. Selon Moulin[6], une tâche attrayante n'est pas nécessairement intéressante. Pour être intéressante, la tâche doit poser problème, créer un manque. Il faut également fournir à l'élève l'encadrement nécessaire pour que le déséquilibre soit supportable.

S'assurer que l'élève possède les connaissances nécessaires

Les difficultés en résolution de problèmes sont souvent liées au fait que l'élève connaît mal le réel auquel le problème fait référence. «Tant que ce réel ne fait pas partie de la base de connaissances spécifiques de l'élève, il ne peut pas avoir la signification que voudrait lui donner l'enseignant[7].»

Faciliter le transfert des apprentissages et favoriser l'intégration des matières

Les mathématiques sont partout. On doit développer chez l'élève la motivation à apprendre les mathématiques et la capacité d'établir des liens entre ses connaissances et la réalité. Pour ce faire, il importe de lui fournir de nombreuses occasions de s'en servir de façon véritable. Selon Jacques Tardif[8], pour soutenir le transfert des apprentissages, il faut proposer à l'élève un très grand nombre d'exemples d'un problème dans des contextes variés afin qu'elle ou qu'il puisse le «décontextualiser».

Dans la vraie vie, l'individu est constamment appelé à résoudre des problèmes. En intégrant les matières, que ce soit à l'aide d'un texte, d'une expérience scientifique ou d'un événement se produisant dans la communauté (en fait, peu importe la manière), on amène l'élève à prendre conscience que les mathématiques sont liées aux différents champs d'étude.

L'intégration des matières favorise l'établissement de liens entre les éléments d'apprentissage, les concepts et les thèmes à l'étude. Elle rapproche l'école de la vraie vie par la mise en situation de problèmes concrets et de questions d'actualité. Elle permet à l'élève de faire le transfert de ses apprentissages dans différents contextes. «En dehors de l'école, l'histoire n'a pas d'existence en soi, pas plus que la géographie, les mathématiques et le français langue maternelle. Les questions et les situations problématiques

••••••••••••••••

6. Jean-Paul Moulin et Paul Vetter, *op. cit.*
7. Jacques Tardif, *Comment les écoles construisent les difficultés des enfants*, conférence prononcée lors du congrès de l'Association québécoise des enfants en difficulté d'apprentissage, mars 1998.
8. *Ibid.*

auxquelles les individus sont confrontés dans la société sont multidisciplinaires[9].»

Éviter de présenter des activités répétitives où il n'y a pas de véritables problèmes à résoudre

Toujours selon Jacques Tardif, si les exercices sont répétitifs, l'élève en arrive à croire que les étapes de la résolution de problèmes ne sont pas nécessaires puisqu'il n'y a pas de véritables problèmes à résoudre. Un autre danger guette l'élève qui effectue des activités répétitives: elle ou il peut se construire des règles erronées et les ériger en un système permanent que la ou le pédagogue aura beaucoup de difficultés à déconstruire par la suite.

Porter une attention particulière aux erreurs

Les erreurs dévoilent la façon de penser de l'élève. Elles révèlent l'organisation de ses connaissances. Elles permettent également de mieux comprendre les règles que s'est données l'élève. Selon Jean Dionne, l'erreur n'est pas gratuite, un simple fruit du hasard, mais plutôt le produit logique et cohérent de la pensée du sujet, de son bagage de connaissances qui n'est pas encore adapté à une situation nouvelle[10].

Guider la démarche de l'élève

Il est important de favoriser chez l'élève le développement de stratégies de résolution de problèmes. Il est, par conséquent, recommandé d'activer ses connaissances en lui donnant des pistes de réflexion. On peut, par exemple, lui poser des questions semblables aux suivantes:

- Quand doit-on utiliser cette stratégie?
- Pourquoi cette stratégie est-elle bonne dans le présent contexte et pas cette autre?
- Pourrais-tu trouver plusieurs solutions à ce problème?
- Si on changeait une donnée du problème, que se passerait-il?

On peut ainsi guider sa démarche en lui posant des questions comme celles ci-dessous:

- Qui peut avoir un tel problème?
- Est-ce que l'information est utile?
- Y a-t-il de l'information superflue?
- Y a-t-il plusieurs solutions à ce problème?
- Peux-tu écrire d'autres problèmes semblables?

9. Jacques Tardif, *Une condition incontournable aux promesses des NTIC en apprentissage: une pédagogie rigoureuse*, conférence d'ouverture du 14e colloque de l'Association québécoise des utilisateurs de l'ordinateur au primaire et au secondaire (AQUOPS), mars 1998.
10. Lise Saint-Laurent, *op. cit.*, p. 194.

Favoriser le développement de l'aptitude à faire des analogies

En posant à l'élève des questions pour l'amener à découvrir si le problème présent ressemble à un problème déjà vu, on l'encourage à faire des analogies qui lui épargneront du temps dans la recherche de solution à de prochains problèmes. Selon Hélène Poissant, les «personnes expertes sont ainsi généralement capables de découvrir des ressemblances de structure entre le problème posé et des problèmes antérieurs[11]».

Il importe donc d'amener l'élève à établir des liens entre différents problèmes et à préciser les ressemblances et les dissemblances existant entre les problèmes présentés de façon à être en meilleure position pour juger de la stratégie à employer.

Amener l'élève à se représenter mentalement le problème

Selon la même auteure, l'utilisation de dessins, de diagrammes ou de l'imagerie mentale permet de voir plus clairement et plus simplement les relations entre les éléments d'un problème.

Présenter fréquemment des problèmes mal définis

Dans la vie de tous les jours, c'est ce genre de problèmes que l'on rencontre le plus souvent. Selon Tardif[12], ce type de problèmes force l'élève à préciser elle-même ou lui-même un certain nombre d'éléments comme elle ou il devra le faire avec la majorité des autres problèmes qui surviennent en dehors de la classe.

Encourager le développement de l'habileté à communiquer

L'élève doit pouvoir exprimer le résultat de sa propre réflexion. L'objectivation permet à l'élève de considérer autrement le problème, ce que Moulin nomme la différenciation par l'objectivation[13], et sert d'amorce au processus de sa résolution. L'expression de cette objectivation constitue aussi un moyen pour l'enseignante ou l'enseignant de s'associer au cheminement de l'élève. Il faut comprendre que la communication est essentielle dans toutes les phases du processus de résolution de problèmes[14], puisqu'elle sert plusieurs fins.

....

11. Hélène Poissant, «Les problèmes et leurs stratégies de résolution», *Vie pédagogique*, n° 92, janvier-février 1995, p. 39-41.
12. Jacques Tardif, *Une condition incontournable aux promesses des NTIC en apprentissage : une pédagogie rigoureuse, op. cit.*
13. Jean-Paul Moulin et Paul Vetter, *op. cit.*
14. *Le Curriculum de l'Ontario de la 1re à la 8e année*, Ministère de l'Éducation et de la Formation de l'Ontario, 1997, p. 67.

- Comprendre le problème.
  - Parler du problème pour mieux le comprendre.
- Élaborer un plan.
  - Parler du problème pour clarifier la méthode de résolution.
  - Écouter les idées des autres.
- Mettre le plan en œuvre.
  - Tracer des diagrammes et utiliser du matériel concret pour illustrer des projections ou des résultats provisoires.
  - Décrire les étapes textuellement et à l'aide de symboles.
  - Présenter le résultat des opérations faites à l'aide de l'ordinateur ou d'une calculatrice.
- Faire une vérification des résultats.
  - Choisir la meilleure méthode pour décrire et expliquer les résultats.

Il s'avère donc important d'accorder une place de choix au développement de la compétence à communiquer.

Créer les conditions favorisant la résolution de problèmes

La ou le titulaire incite les élèves à partager leurs solutions, soutient leur démarche personnelle et les encourage à explorer librement plusieurs pistes. Elle ou il permet l'explication à voix haute des stratégies employées et, lorsque la réflexion emprunte des voies peu fructueuses, l'oriente vers des avenues plus productives.

Faciliter l'inférence de règles à l'aide de nombreux exemples

On peut, par exemple, utiliser un journal de bord[15] dans lequel l'élève :

- parle de ce qu'elle ou qu'il sait et de ce qu'elle ou qu'il a compris ;
- explique sa solution au problème ;
- expose l'organisation de ses idées par un dessin pour se souvenir des règles découvertes.

Enfin, une façon d'amener l'élève à mettre en pratique une règle comprise, c'est de l'inciter à créer des problèmes englobant les notions étudiées. On peut aussi demander à l'élève de donner un ou des exemples illustrant les nouvelles informations de sorte que l'enseignante ou l'enseignant puisse comprendre la règle que l'élève se construit.

▪▪▪▪▪▪▪▪▪▪▪▪▪▪▪▪▪

15. Voir le modèle proposé dans la feuille reproductible 3.1 « Mon journal de bord en mathématiques ».

L'élève connaissant des difficultés en résolution de problèmes

Des pistes de solutions

L'enseignante ou l'enseignant trouvera dans la présente section des pistes pour aider l'élève qui connaît des difficultés en résolution de problèmes. Les cas analysés se rapportent aux exemples présentés dans la section « La manifestation des difficultés en résolution de problèmes », à la page 83.

L'élève qui reste passif devant un problème ou qui effectue n'importe quelle opération avec les chiffres donnés (Marc)

Un problème de lecture est peut-être à l'origine des difficultés de l'élève. Si tel est le cas, certains moyens existent pour y remédier.

- Enregistrer les problèmes sur cassette.
- Se procurer un baladeur afin de faciliter l'écoute en classe des problèmes enregistrés.
- Requérir l'aide d'un pair ou d'une personne bénévole pendant les périodes de résolution de problèmes.
- Guider l'élève dans la recherche de sens à l'aide de consignes telles que :
    - encercle les mots clés du problème ;
    - note les données utiles pour le résoudre ;
    - biffe les données superflues ;
    - détermine les informations manquantes ;
    - écris l'idée principale du problème que tu as lu ;
    - reformule le problème dans tes propres mots.

Il peut également s'agir d'un problème d'attitude. Voici quelques outils qui peuvent être utiles.

- Fiche d'observation (feuille reproductible 3.2) permettant de mieux connaître l'élève.
- Fiche d'autoévaluation (feuille reproductible 3.3) en situation de résolution de problèmes. Cette fiche vise à faire prendre conscience à l'élève de son niveau d'engagement ; elle peut être remplie fréquemment. L'auto-évaluation doit être suivie d'une rencontre avec l'enseignante ou l'enseignant afin de déterminer un aspect sur lequel porteront plus particulièrement les efforts de l'élève. Cette fiche sert également à renseigner les parents et constitue un document essentiel lorsque vient le temps de noter dans le bulletin les « compétences à développer ».

Il est essentiel de tenter de mieux connaître les goûts et les difficultés de l'élève et ses sentiments à l'égard des mathématiques. Les moyens suivants permettent d'acquérir cette connaissance.

- Profil de l'élève en mathématiques renseignant l'enseignante ou l'enseignant sur ce qu'il préfère en mathématiques et sur la perception qu'il a de lui-même (feuille reproductible 3.4).

- Questionnaire d'entrevue « Pour mieux te connaître » (feuille reproductible 3.5).

L'élève qui donne des réponses aux problèmes sans réfléchir (Michel)

On doit chercher à susciter la participation active de l'élève en l'obligeant à se questionner. Voici quelques suggestions.

- Tenir un journal de bord en mathématiques où l'élève doit créer un recueil d'exemples de problèmes (feuille reproductible 3.1).

- Demander à l'élève, placé en dyade, de faire la rédaction de problèmes dans les cinq domaines des mathématiques. Ces problèmes pourront être utilisés dans un concours du type « Génies en herbe ».

- Obliger l'élève à démontrer sa compréhension par la formulation de questions ou de problèmes fondés sur différentes situations (feuille reproductible 3.6).

- Amener l'élève à se questionner par rapport au problème et à suivre la démarche de résolution de problèmes (encadré 3.1 et feuille reproductible 3.7).

- Favoriser l'approche coopérative (encadré 3.2 et feuille reproductible 3.8).

- Encourager l'élève à faire un dessin ou un diagramme, ou à développer un autre support visuel lui permettant de mieux saisir les données d'un problème et le but poursuivi par sa résolution.

- Rattacher chaque concept étudié à des problèmes de la vie réelle[16].

L'élève qui ne parvient pas à mémoriser les tables d'addition et de multiplication, et les termes mathématiques (Sergine)

Il est bien certain qu'on économise beaucoup de temps et d'énergie à partir du moment où l'on sait ses tables d'addition ou de multiplication. Cependant, plusieurs élèves en difficulté, malgré des années d'efforts, ne parviennent pas à les maîtriser. Voici quelques suggestions de mesures pouvant aider ces élèves.

- Encourager l'élève à utiliser sa calculatrice afin qu'elle puisse se concentrer sur les données du problème et sur les stratégies de résolution.

16. Vous trouverez des exemples dans l'encadré 3.3 « Vivre les mathématiques à l'aide d'activités signifiantes » et sur la feuille reproductible 3.9 intitulée « Toute une moustache ! ». Vous découvrirez également de nombreux exemples dans le livre suivant : M. Leclerc, *Par quatre chemins*, Montréal, Chenelière/McGraw-Hill, 1998.

Démarche de résolution de problèmes

 1. Comprendre le problème

- Relire le problème.
- Reformuler le problème dans ses propres mots.
- Repérer l'information utile.
- Repérer l'information inutile.

 2. Élaborer un plan

- Comparer le problème à des expériences antérieures.
- Étudier les stratégies possibles.
- Choisir la stratégie la plus appropriée.

 3. Mettre le plan en œuvre

- Appliquer la stratégie choisie.
- Faire les calculs nécessaires.
- Présenter les résultats provisoires.

 4. Faire une vérification des résultats

- Vérifier la solution.
- Revoir la méthode employée.

- Si l'élève désire faire l'apprentissage des tables, l'amener à se donner des moyens de s'en faire une représentation mentale. Ces moyens devraient être consignés dans un journal de bord en mathématiques. Exemple : $2 \times 3 = 6$; cela me fait penser à la disposition de six cannettes de jus.

- Afin que l'élève retienne la signification des nouveaux termes, promouvoir l'utilisation du dictionnaire personnel de mathématiques (feuille reproductible 3.10).

- Donner des consignes favorisant l'abstraction.
  - Trouve une image à laquelle ce mot te fait penser.
  - Fais un dessin pour représenter ce symbole.
  - Montre-moi le symbole qui veut dire que…
  - À la suite de ce que tu as appris, quelle forme pourrait prendre…

- Faire appel aux connaissances antérieures de l'élève. Demander, par exemple :
  - À quoi ce mot te fait-il penser ?
  - L'as-tu déjà vu dans une autre situation ?
  - Quand je parle de… qu'est-ce que cela te rappelle ?
  - Dans quelle situation utilises-tu ce terme ?
  - Où le retrouve-t-on ?

À chacun son rôle

- Chaque équipe possède une feuille «Démarche de résolution de problèmes» (encadré 3.1).
- Les équipes sont hétérogènes. Pour former des équipes hétérogènes, on peut procéder de la façon suivante : on attribue la couleur bleue aux élèves qui ont un fort rendement, la couleur rouge aux élèves qui ont un rendement moyen, la couleur verte aux élèves qui ont un rendement faible et la couleur jaune aux élèves qui sont en difficulté. Les élèves forment des équipes en s'assurant d'avoir une ou un élève de chaque couleur. On peut également utiliser des cartes à jouer.
- On attribue un numéro à chaque élève.
- Chaque élève joue le rôle correspondant au numéro de la démarche de résolution de problèmes. Par exemple, l'élève n° 1 lit le problème, détermine les informations inutiles et les informations superflues et joue le rôle de scripteur. L'élève n° 2 élabore un plan, etc. L'équipe doit arriver à un consensus à chaque étape. Chaque membre de l'équipe s'assure que tous les membres de l'équipe ont bien compris puisqu'il y en aura un qui sera choisi au hasard pour représenter le groupe et expliquer les

stratégies employées pour résoudre le problème.
- Si l'élève n° 2 a de la difficulté à élaborer un plan ou si l'élève n° 3 parvient difficilement à appliquer les stratégies pour résoudre le problème, les autres membres de l'équipe lui proposent, à tour de rôle, leur aide.
- C'est l'élève n° 4 qui écrit au brouillon la solution finale et c'est l'élève n° 1 (le scripteur) qui l'écrit sur la feuille d'équipe après avoir vérifié si tous les membres de l'équipe approuvent cette solution.
- On fait ensuite un deuxième problème et les élèves changent de numéro et de rôle : le n° 1 devient le n° 2, le n° 2 devient le n° 3, et ainsi de suite.
- L'enseignante ou l'enseignant s'assure que les équipes sont sur la bonne voie dans la résolution des problèmes et que les élèves utilisent les habiletés sociales appropriées telles que l'entraide et le respect des autres.
- On choisit au hasard une équipe et une ou un porte-parole qui viendra expliquer au groupe-classe les stratégies et les moyens que son équipe a retenus pour résoudre le problème. Les membres des autres équipes complètent l'exposé si nécessaire.

Cette approche est inspirée de : D. Gandel et autres, *La coopération en salle de classe*, Montréal, Chenelière/McGraw-Hill, 1998.

Vivre les mathématiques à l'aide d'activités signifiantes

 1. Visite d'une exposition sur Picasso

Votre classe vient de visiter une exposition sur Picasso. Au retour, vous décidez d'explorer les œuvres de ce grand peintre dans le cadre du cours de mathématiques. Voici quelques exemples d'activités possibles.

- Mener un sondage pour déterminer l'œuvre préférée des personnes interrogées parmi trois peintures de Picasso.
- Utiliser des diagrammes de Venn et de Carroll pour organiser les données.
- Employer des calculs d'aires et de périmètres pour créer une peinture moderne.

 2. Un dîner communautaire très spécial

Les élèves organisent un dîner communautaire. L'occasion est idéale pour les faire travailler sur certains contenus du curriculum en mathématiques : elles ou ils devront en effet démontrer leur connaissance de certaines notions sur les mesures et sur les formes géométriques en confectionnant des napperons.

 3. Une visite au marché

Vous venez de visiter un marché de fruits et de légumes où se trouvent de nombreux étalages. Les élèves vous posent plusieurs questions sur l'espace que chaque producteur occupe et sur les produits qui sont offerts. Vous possédez un dépliant montrant le plan du marché.

L'élève qui est excessivement nerveuse en situation de résolution de problèmes et qui a de la difficulté à sélectionner et à bien utiliser les informations (Renée)

Pour amener l'élève à développer une certaine confiance en soi en situation de résolution de problèmes, il peut être indiqué, dans un premier temps, d'employer des nombres simples. En effet, plusieurs élèves *paniquent* littéralement à la vue de l'énoncé d'un problème où les nombres sont très grands. Encore une fois, l'approche coopérative peut être d'un grand secours. Au lieu de réexpliquer constamment les étapes de la résolution de problèmes, on peut inciter les élèves à utiliser cette approche où elles ou ils doivent interagir et s'entraider. En résolvant différents problèmes où tous les membres de l'équipe sont solidaires, les élèves en arrivent à une synergie qui permet à l'élève en difficulté de saisir les stratégies modelées par ses partenaires. En équipe, on discute des façons de faire des membres, on analyse, on juge, dans le but de résoudre un problème commun au groupe, ce qui permet d'engager activement l'élève dans le processus. Enfin, on amène cette élève à trouver plusieurs solutions à un problème ou des façons originales de le résoudre, ce qui favorise le développement de l'autonomie, la créativité et l'imagination. Voici d'autres suggestions d'interventions possibles.

- Privilégier les exercices qui permettent de se faire une représentation mentale du problème, comme élaborer un plan représentant bien les idées que recèle le problème.

- Favoriser le développement des stratégies de construction du sens ; faire appel aux connaissances antérieures de l'élève à l'aide de questions semblables à celles qui suivent.
  - Qui peut avoir un tel problème ?
  - Cette information est-elle utile ?
  - Y a-t-il de l'information superflue ?
  - Y a-t-il plusieurs solutions à ce problème ?
  - Peux-tu créer d'autres problèmes semblables ?

- Faire des rapprochements entre les données du problème et les expériences personnelles de l'élève.

- Chercher à amener l'élève à développer des stratégies d'analyse d'un problème et d'organisation des savoirs dans différentes situations de la vie réelle (encadré 3.4).

- Proposer des problèmes à données manquantes ou des problèmes à données superflues obligeant l'élève à recentrer son attention sur les éléments importants du problème. Des exemples de ces types de problèmes se trouvent dans l'encadré 3.5.

Il est primordial d'amener les élèves à partager leurs expériences sur la façon de percevoir les éléments d'un problème. Les exemples apportés par les élèves seront souvent plus significatifs que ceux provenant de l'enseignante ou de l'enseignant.

Stratégies d'analyse d'un problème et d'organisation des savoirs

 Pour favoriser l'analyse d'un problème, on doit demander à l'élève:

- de déterminer les parties principales du problème ;
- d'encercler les mots les plus importants ;
- de classer de façon hiérarchique les idées mentionnées (par exemple, en commençant par la plus importante) ;
- d'établir des liens entre les mots (avec un crayon ou un surligneur) ou entre les idées formulées (oralement) ;
- d'apporter plusieurs solutions à un problème ;
- de se poser des questions telles que :
  - Que connais-tu à ce sujet ? (association)
  - Quel lien y a-t-il entre *ceci* et *cela*… ?
  - Quelle déduction peux-tu faire à la suite de la lecture de ce problème ?
  - Quels arguments une personne qui aurait une solution différente de la tienne avancerait-elle ?

- de trouver une erreur dans le problème présenté ;
- d'expliquer pourquoi certaines solutions apportées sont correctes et d'autres pas.

 Pour favoriser l'organisation des savoirs, on doit:

- profiter de différentes situations pédagogiques pour faire classifier les éléments représentés (demander, par exemple, de placer les objets ou les termes en fonction de leurs similitudes ou de leurs différences) ;
- utiliser les multiples occasions qui se présentent pour poser des questions telles que :
  - Avec quel mot placerais-tu ce mot ? (classification)
  - Compare ces deux phrases. Laquelle t'inspire le plus de tristesse ? (comparaison)
  - Peux-tu tirer une leçon de la lecture de cette histoire ? (généralisation)
  - Dis pourquoi tu es pour ou contre ce qu'affirme le personnage principal du film. (argumentation)

Problèmes à résoudre

 Problème à données manquantes

Quelle quantité de tapis faudrait-il acheter pour couvrir le plancher du hall d'entrée du centre sportif ?

 Problème à données superflues

Léo, qui a 11 ans, va voir une partie de hockey au centre sportif avec ses parents. Ce mois-ci, il y a quatre fois plus de gens qu'en moyenne. La partie dure 3 heures 20 minutes. À l'entrée, on demande 32 $ par adulte et 16 $ par personne âgée de moins de

16 ans. Combien Léo et ses parents ont-ils déboursé pour se procurer des billets pour cette partie ?

 Problème à données manquantes et à données superflues

L'hôtel Chimo compte 355 chambres. En prenant l'ascenseur, on remarque que l'hôtel compte dix étages. Étant donné que c'est la période du Bal de neige, les chambres des cinq premiers étages sont toutes occupées. Combien y a-t-il de clients qui ont loué une chambre ?

Les difficultés en résolution de problèmes et leurs conséquences dans les différentes matières

L'élève qui ne se souvient pas des termes mathématiques ne se souviendra pas davantage des termes scientifiques, des dates historiques et des noms des lieux géographiques. Souvent, les notions que l'élève a apprises par cœur la veille, en y consacrant un temps incroyable, sont totalement oubliées le lendemain. L'élève éprouve un stress énorme à devoir montrer des compétences où l'emploi de termes justes et précis est nécessaire et lorsqu'elle ou lorsqu'il doit faire des exercices où l'emploi des tables de multiplication s'avère essentiel.

Répercussions de la difficulté à mémoriser des données

- L'élève éprouve des difficultés à retenir des termes scientifiques.
- L'élève ne peut se souvenir des noms géographiques.
- L'élève ne peut mémoriser les dates en histoire.
- L'élève oublie la signification des symboles en musique.
- L'élève éprouve de la frustration et beaucoup de stress lorsqu'on lui demande, durant une évaluation, de montrer ses compétences en faisant appel à sa capacité de mémoriser.

Moyens d'adaptation suggérés

En situation d'apprentissage, il faut :

- permettre à l'élève d'avoir accès en tout temps à des supports visuels (dessins illustrant un terme, par exemple) ;

- fournir à l'élève une liste de termes spécifiques, de dates et de noms essentiels à l'apprentissage ;

- utiliser du matériel concret pour permettre à l'élève de mieux saisir visuellement un énoncé ;

- solliciter plusieurs sens de l'élève (par exemple, en lui faisant manipuler un objet, en lui demandant de dessiner ce qu'elle ou ce qu'il a compris, en utilisant l'art dramatique pour appuyer un énoncé). De cette façon, on amène l'élève à développer plusieurs types d'intelligence ;

- favoriser l'utilisation de la calculatrice lorsque des calculs s'avèrent nécessaires ;

- encourager la consignation de données dans un dossier d'apprentissage que l'élève pourra consulter lorsqu'elle ou lorsqu'il aura besoin d'utiliser un terme précis ou de se remémorer un énoncé ;

- s'assurer du transfert des apprentissages (en demandant à l'élève d'utiliser une même notion dans différents contextes pour activer sa mémoire).

En situation d'évaluation, il faut :

- permettre à l'élève, en histoire, par exemple, d'avoir à sa disposition les dates, les lieux et les noms des personnages dont elle ou il a besoin ; ce que l'on désire évaluer, en fait, c'est sa capacité de comprendre un phénomène et d'interpréter des faits dans des circonstances précises ;

- permettre à l'élève l'accès à sa calculatrice, à une liste de termes scientifiques, à une définition des notions ; ce que l'on désire, habituellement, c'est vérifier sa maîtrise d'un concept ;

- utiliser tout moyen permettant à l'élève de démontrer sa compréhension d'un phénomène sans mettre en péril son résultat à cause de ses lacunes au plan de la mémorisation et de l'organisation de données.

Plusieurs élèves ont de la difficulté à distinguer l'essentiel de l'accessoire, à élaborer un plan et à s'organiser, et ce, non seulement en situation de résolution de problèmes, mais dans toutes les matières. Souvent, l'élève remet son travail en retard, au grand désespoir de son enseignante ou de son enseignant. Elle ou il ne retrouve plus les notes de cours sur lesquelles portera l'évaluation du lendemain. Même si elle ou s'il peut utiliser sa calculatrice dans un test, cet objet si précieux est encore une fois disparu… comme sa gomme à effacer et son crayon. Par moment, l'élève semble nager en pleine confusion, ne distinguant plus ni la gauche ni la droite, ni l'est de l'ouest. Parfois, son incapacité à lire l'heure lui cause de graves préjudices. Enfin, elle ou il passe un temps fou à chercher ses choses et s'attire les foudres de ses camarades lorsque vient le temps de mettre en commun un travail que chacune ou chacun devait effectuer dans un certain délai.

Répercussions de la difficulté à s'organiser personnellement et à structurer son environnement

- L'élève ne pourra distinguer l'essentiel de l'accessoire dans un travail à effectuer.
- L'élève accordera beaucoup de temps à des éléments peu importants.
- L'élève aura de la difficulté à développer un plan efficace pour un projet à long terme.
- L'élève remettra les travaux demandés en retard.
- L'élève aura du mal à structurer un travail demandé en petites séquences, particulièrement les travaux de recherche.
- L'élève perdra régulièrement ses effets personnels.
- L'élève se fera surprendre par les échéanciers.
- L'élève oubliera à l'école les notes de cours nécessaires à l'étude.
- L'élève oubliera à la maison le travail qui doit être remis le matin même.

De plus :

- ses notes de cours sont mal organisées ;
- son cartable est un vrai fouillis ;
- son casier ou son pupitre est dans un désordre incroyable.

Moyens d'adaptation suggérés

- Encourager l'élève à respecter les délais prévus à l'aide d'un contrat[17].
- Vérifier régulièrement où l'élève en est dans le développement d'un projet.
- Aider l'élève à structurer une recherche en lui offrant un cadre de référence et un aide-mémoire.
- Planifier un projet sur une longue période en le divisant en petites étapes et vérifier souvent si l'élève respecte les échéanciers.
- Assurer un suivi à la maison et profiter des ressources mises à la disposition de l'élève pour l'aider à s'organiser (par exemple, l'emploi d'un agenda).
- Favoriser l'approche coopérative, laquelle permet à un pair d'aider l'élève (vérification des effets personnels et des notes de cours, rappel des manuels dont l'élève a besoin pour ses devoirs).
- Amener l'élève à préciser les moyens qui la ou le rendraient plus efficace et à développer des stratégies pour s'améliorer.

▪▪▪▪▪▪▪▪▪▪▪▪▪▪▪▪▪

17. On trouvera un modèle de contrat à la page 24 du livre de M. Leclerc, *op. cit.*

- Vérifier régulièrement si l'élève possède les outils nécessaires à ses apprentissages (calculatrice, supports visuels, aide-mémoire, etc.) et si elle ou s'il prend les moyens nécessaires pour éviter de les perdre (étui à crayons, feuillets intercalaires, etc.).

- S'assurer que les notes de cours sont bien classées et qu'elles peuvent être facilement retrouvées (à l'aide d'une table des matières, par exemple).

- S'assurer, la veille d'une évaluation, que l'élève apporte à la maison les ressources dont elle ou il a besoin pour bien réviser la matière.

- Voir, avant un test, à ce que l'élève dispose des outils indispensables ; un bref coup d'œil jeté sur ses effets personnels quelques jours auparavant et un rappel éviteront peut-être le pire lors de l'évaluation.

Enfin, on fait face à l'obligation de résoudre un problème, répétons-le, dans de multiples situations de la vie courante. C'est donc dire que lorsque l'élève doit utiliser son raisonnement pour aplanir une difficulté donnée en sciences ou lorsqu'elle ou lorsqu'il doit, en se basant sur l'étude d'un contexte historique, dégager les éléments sociaux perturbateurs de l'époque abordée et en faire l'analyse, elle ou il se retrouve en situation de résolution de problèmes. Les principes et les pistes de solutions énumérés dans le présent chapitre peuvent donc, généralement, être utiles dans un contexte autre que celui des mathématiques.

Internet au service des enfants en difficulté

Bottin de sites favorisant le développement des compétences en mathématiques

- **Un artiste peintre qui utilise les transformations géométriques**
  http://rtsq.grics.qc.ca/aiguillart/projet/rech/artmath/escher/escher.htm
  Scénario pédagogique très bien détaillé favorisant l'intégration des mathématiques
  et des arts. On y découvre les transformations géométriques et on fait l'étude des
  œuvres de Escher.

- **Mathématou**   *http://rtsq.grics.qc.ca/aiguillart/projet/rech/artmath/chat/matou.htm*
  Site permettant de découvrir les triangles à l'intérieur d'une œuvre d'art
  représentant un chat. On invite l'élève à fabriquer son œuvre en la ou le guidant
  pas à pas. L'élève peut ensuite la publier à l'aide de moyens technologiques
  proposés sur le site.

- **Des animaux en formes**   *http://www.quebectel.com/escale/petits/forme01.htm*

- **Un, deux, trois canards**   *http://www.quebectel.com/escale/petits/canard.htm*
  Pour les petits. Sites très colorés et interactifs. À voir!

- **Les amuse-gueules**   *http://www.interlinx.qc.ca/~mblais/aG.html*
  Un nouvel amuse-gueule est présenté toutes les deux semaines environ. Petits
  problèmes logiques pour vérifier si l'élève raisonne bien. Il y en a plus de cent.

- **Calcule avec le rat**   *http://www.quebectel.com/escale/hallow96/maison2.htm*
  Tables de multiplication et de division. Façon amusante d'apprendre ses tables.

- **Les problèmes d'Albert**   *http://www.quebectel.com/escale/dinos/math.htm*
  Méthode de résolution de problèmes. On amène l'élève à penser à des stratégies.

- **Échecs et math**   *http://www.lescale.net/echecs*
  Apprentissage du jeu d'échecs (petit guide: position des pièces, déplacements).
  Excellente façon de faire de la résolution de problèmes de façon amusante.

- **Cyber-rébus**   *http://www.geocities.com/CollegePark/Quad/5967/im-base.htm*
  Jeux d'esprit consistant à exprimer des mots ou des phrases par des dessins
  ou des signes. Excellent exercice pour développer le raisonnement.

- **La Grèce antique**   *http://www.quebectel.com/escale/grece/*
  Énigmes mathématiques sous la forme de jeu. Cette activité permet également de
  mieux connaître les anciennes civilisations.

Autoévaluation de l'enseignante ou de l'enseignant

Cochez les affirmations qui correspondent à ce que vous faites pour aider l'élève qui connaît des difficultés en résolution de problèmes.	Oui	Non
1. J'évite de présenter à mes élèves des exercices répétitifs où il n'y a pas de véritables problèmes à résoudre.	☐	☐
2. Afin de favoriser le transfert des apprentissages, je propose à mes élèves un grand nombre d'exemples dans des contextes variés.	☐	☐
3. Je demande régulièrement à l'élève en difficulté de donner un ou des exemples illustrant les nouvelles informations et je lui demande d'expliquer comment elle ou il parvient à sélectionner la solution retenue.	☐	☐
4. Je m'efforce de trouver des activités signifiantes en mathématiques.	☐	☐
5. Je cherche à développer la pensée analogique en faisant très souvent référence au vécu des élèves.	☐	☐
6. J'accorde plus d'importance à la résolution de problèmes qu'au calcul.	☐	☐
7. Je m'assure que les élèves en difficulté ont accès à une banque de problèmes à leur niveau.	☐	☐
8. Je rencontre régulièrement les élèves afin de connaître leurs forces et de les aider à relever de nouveaux défis en mathématiques.	☐	☐

Nom : _____ Groupe : _____

Mon journal de bord en mathématiques

Domaine : _____

Notion : _____

Donne un exemple de problème.

_____

_____

_____

Explique ta solution.

_____

_____

_____

Fais un dessin qui te permettra de te souvenir de la notion.

Fiche d'observation de l'attitude de l'élève en situation de résolution de problèmes

L'élève :	Oui	Non
1. souffre de crispation, de tension et d'angoisse.	☐	☐
2. manifeste du plaisir.	☐	☐
3. n'arrive pas à commencer son travail.	☐	☐
4. est désemparée ou désemparé.	☐	☐
5. cherche constamment l'approbation de l'adulte.	☐	☐
6. fait son travail avec sérieux.	☐	☐
7. réussit mieux lorsqu'elle ou lorsqu'il travaille en équipe.	☐	☐
8. fait preuve de persévérance.	☐	☐
9. témoigne d'une certaine logique.	☐	☐
10. fait un travail ordonné.	☐	☐

Nom : _____ Groupe : _____

Fiche d'autoévaluation de mon attitude en situation de résolution de problèmes

	Oui	Non
Utilisation de l'information		
1. Je découvre les informations pertinentes.	☐	☐
2. Je me pose des questions pour préciser le sens des idées.	☐	☐
3. J'examine plusieurs solutions possibles.	☐	☐
Autonomie dans le travail		
1. Je me mets au travail sans perdre de temps.	☐	☐
2. Je travaille bien sans surveillance.	☐	☐
3. Je participe activement à l'activité.	☐	☐
4. Je fais preuve de persévérance même si je fais face à certaines difficultés.	☐	☐
Habileté à résoudre des problèmes		
1. Je résous le problème sans aide.	☐	☐
2. Je conçois un plan ou un dessin pour résoudre le problème.	☐	☐
3. Je trouve des solutions.	☐	☐
4. J'explore les différentes solutions trouvées.	☐	☐
Sens de l'initiative		
1. Je manifeste de l'intérêt, de la curiosité et de l'enthousiasme.	☐	☐
2. J'affiche une attitude positive.	☐	☐
3. Je recherche les défis et je prends des risques.	☐	☐
4. Je demande de l'aide quand c'est nécessaire.	☐	☐

Nom : _____ Groupe : _____

Ton profil en mathématiques

1. Quelles sont les activités que tu aimes le plus en mathématiques ? Pourquoi ?

_____

_____

2. Quelles sont les activités que tu aimes le moins en mathématiques ? Pourquoi ?

_____

_____

3. Dans quels domaines te sens-tu au mieux ?

- Numération ☐
- Géométrie et sens de l'espace ☐
- Mesure ☐
- Traitement de données et probabilités ☐
- Modélisation et algèbre ☐

4. Nomme deux choses que tu désires apprendre en mathématiques.

_____

_____

5. Décris deux situations où tu utilises les mathématiques en dehors de la salle de classe.

_____

_____

Pour mieux te connaître

1. Combien de temps passes-tu chaque soir à faire tes devoirs de mathématiques?

_____

_____

2. Crois-tu que les mathématiques se trouvent dans les livres? Dans la vraie vie?

_____

_____

3. Si tu crois que les mathématiques se trouvent dans la vraie vie, peux-tu en donner un exemple?

_____

_____

4. Quand tu as à résoudre un problème de mathématiques, comment te sens-tu?

_____

_____

5. Crois-tu que les mathématiques sont faciles ou difficiles à apprendre?

_____

_____

Feuille reproductible 3.5 (suite)

Pour mieux te connaître

6. À la maison, où fais-tu tes devoirs de mathématiques ?

_____

_____

7. De qui aimes-tu recevoir de l'aide ?

- D'une amie ou d'un ami. ☐
- De mon enseignante ou mon enseignant. ☐
- De mes parents. ☐
- De ma sœur ou de mon frère. ☐

8. Si tu compares ta situation actuelle à ta situation au début de l'année, quelle amélioration en mathématiques vois-tu ?

_____

_____

9. Qu'est-ce que tu aimerais améliorer au cours des prochaines semaines ?

_____

_____

10. Comment t'y prendras-tu ?

_____

_____

Nom : _____ Groupe : _____

À ton tour de créer des problèmes

1. Invente, en t'inspirant d'un livre d'histoire, un problème dans le domaine de la numération. Écris la solution que tu proposes.

_____

_____

2. Crée un problème d'addition ou de soustraction en utilisant des mesures. Écris la solution que tu proposes.

_____

_____

3. Crée un problème où tu démontres que l'addition est l'inverse de la soustraction. Écris la solution que tu proposes.

_____

_____

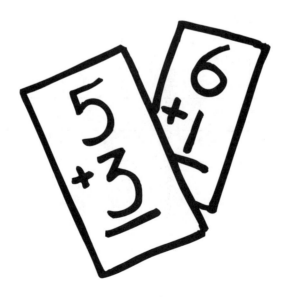

Nom : _____   Groupe : _____

Feuille reproductible 3.6 (suite)

À ton tour de créer des problèmes

4. Invente une histoire d'addition ou de soustraction qui se passe dans un magasin. Écris la solution que tu proposes.

_____

_____

5. Invente une histoire où tu démontres que la division est l'inverse de la multiplication. Écris la solution que tu proposes.

_____

_____

6. Crée des problèmes pour illustrer la proposition suivante : 345 − 23 = 322. Écris les solutions que tu proposes.

_____

_____

Chapitre 3   109

Feuille
reproductible 3.7

Je me questionne

1. De quoi parle-t-on dans ce problème? De quoi est-il précisément question?

_____

_____

2. Quelles sont les connaissances que tu possèdes pour résoudre ce problème?

_____

_____

3. Y a-t-il plusieurs solutions possibles?

_____

_____

4. Quelles sont les limites et les contraintes de chaque solution trouvée?

_____

_____

Feuille reproductible 3.7 (suite)

Je me questionne

5. Chaque solution trouvée a-t-elle fait l'objet d'une évaluation ?

_____

_____

6. Comment peux-tu vérifier si les solutions trouvées sont justes ?

_____

_____

7. Comment peux-tu savoir que tu as atteint le but visé par le problème proposé ?

_____

_____

Nom : _____   Groupe : _____

Feuille d'équipe

Noms : _____   _____

_____   _____

Titre ou n° du problème : _____

Comprendre le problème
Relire et reformuler le problème.
1. Ce que je cherche.

_____

_____

Repérer l'information.
2. Les informations utiles pour résoudre le problème.

_____

_____

3. Les informations manquantes qui seraient utiles pour résoudre le problème.

_____

_____

4. Les informations inutiles présentées dans le problème (dont on n'a pas besoin et qui peuvent nous embrouiller dans la recherche de solutions).

_____

_____

Feuille reproductible 3.8 (suite)

Feuille d'équipe

Élaborer un plan

Comparer le problème à des expériences antérieures.

1. Les ressemblances avec un autre problème déjà vu.

_____

_____

Étudier les stratégies possibles.

2. Les moyens que j'utiliserais pour résoudre le problème.

_____

_____

Choisir la stratégie la plus appropriée.

3. Le moyen le plus approprié pour résoudre le problème.

_____

_____

Mettre le plan en œuvre

Appliquer la stratégie choisie et faire les calculs nécessaires.

Résultats provisoires

Faire une vérification des résultats

Vérifier la solution et revoir la méthode employée.

Nom : _____   Groupe : _____

Toute une moustache !

Trouve une personne qui porte une moustache.

- Quel est son nom ? _____

- Estime la longueur de sa moustache : _____

> Il existe un homme qui possède une moustache très longue. Il se nomme Ram Singh Chauhan. Il vit en Inde. Il est né en 1953. Sa moustache mesure 1,92 m.

Trouve trois objets qui mesurent :

- 0,50 m : _____

- 1 m : _____

- 1,50 m : _____

- 2 m : _____

Estime 1,92 m à l'unité près : _____

Que penses-tu des moustaches ?

_____

_____

_____

Nom : _____ Groupe : _____

Mon dictionnaire de mathématiques

Je développe des stratégies pour mieux me rappeler certains termes.

Notion :

Suite non numérique : c'est un ensemble de figures disposées selon un ordre.

Dans mon exemple, il y a un garçon, une fille, un garçon, une fille… :

Si on me demande de prolonger la suite, je devrai trouver les prochains termes (figures) qui me permettront de maintenir la régularité de la suite.

Dans mon exemple, je prolongerai la suite en dessinant un garçon suivi d'une fille.

Notion :

Notion :

CHAPITRE 4

L'élève connaissant des problèmes de comportement

e phénomène des problèmes de comportement vécus en salle de classe prend de plus en plus d'importance et les intervenants scolaires semblent perplexes et parfois carrément démunis lorsqu'ils doivent l'affronter. Nous rencontrons souvent des élèves qui n'écoutent pas, ne suivent pas les consignes ou dérangent les autres élèves en classe. Que peut-on faire? La question est liée au climat de classe qui découle de comportements perturbateurs. L'enseignante ou l'enseignant a des contraintes précises : elle ou il doit maintenir un bon climat de travail et pourvoir aux besoins de chacune et chacun ; il en va de l'intérêt de l'ensemble de ses élèves.

Le monde de l'éducation vit des bouleversements considérables et doit composer avec les valeurs des jeunes marquées par la conjoncture socio-économique, la violence sous toutes ses formes, le phénomène des gangs, l'appauvrissement de la population, l'éclatement de la famille et la transformation du marché du travail. L'école est au cœur de ces mutations. Elle se modifie en fonction de facteurs comme la diversité ethnique, les changements de valeurs et la transformation des rôles traditionnels. Elle doit donc s'adapter à de nouvelles réalités.

Les enseignantes et les enseignants, aujourd'hui plus que jamais, doivent relever des défis de taille. Leur patience et leurs compétences sont souvent mises à rude épreuve car le phénomène des élèves présentant des problèmes de comportement en classe prend de plus en plus d'envergure.

Le contexte scolaire a également bien changé. On fait maintenant face à des compressions budgétaires et l'école doit faire plus avec moins. On assiste à une augmentation du ratio d'élèves par classe et le regroupement des élèves est de plus en plus hétérogène. Par contre, les besoins sociaux et affectifs des élèves, eux, sont de plus en plus évidents.

Mais qui sont ces enfants qui prennent tout notre temps, qui grugent notre énergie et qui nous laissent sans moyens? Dans les prochaines pages nous décrirons les principales situations vécues en salle de classe et nous élaborerons sur des moyens d'intervention qui peuvent être mis de l'avant.

La manifestation des problèmes de comportement

Les problèmes de comportement se manifestent de différentes façons. Les cas suivants en constituent des exemples.

1. Sonia n'a pas d'amies ou d'amis. Elle est rejetée par le groupe. Elle adresse souvent des remarques désobligeantes aux autres élèves. Elle est forcée de travailler seule car personne ne veut l'avoir dans son équipe. Elle est souvent l'objet de moqueries. Elle a une faible estime d'elle-même.

2. Yan résiste constamment à l'autorité. On pourrait croire qu'il mène une lutte de pouvoir. Il désire toujours faire à sa façon. Il affirme souvent: «Tu ne peux pas me forcer à faire cela!» Il adopte des comportements plutôt gênants pour l'enseignante ou l'enseignant (faire des grimaces, répéter ses paroles, imiter ses gestes, etc.).

3. Julie manifeste un syndrome d'échec. Elle croit qu'elle ne pourra pas faire le travail qui lui est demandé. Elle abandonne facilement surtout lorsqu'elle fait face à une difficulté. Elle prend tous les moyens à sa disposition pour ne pas commencer un travail. Elle est facilement frustrée, particulièrement lorsqu'elle doit faire un travail écrit. Elle dit constamment «Je ne suis pas capable.»

4. Marco fait à sa tête. Il ne peut attendre son tour pour faire une activité. Quand c'est le temps de changer de tâche, il résiste férocement. Il a tendance à contester. Si on ne le laisse pas faire ce qu'il désire, il prétend que c'est parce qu'on ne l'aime pas. Il se met alors à pleurer.

5. Julien s'exprime par des comportements excessifs. Il est difficile à contrôler. Il démontre fréquemment de l'hostilité. Il frappe et pousse les autres élèves, les insulte, détruit à l'occasion du matériel. Il s'oppose à l'autorité. Il se fâche très souvent.

6. Hélène est toujours en mouvement. Elle s'excite facilement et perd la maîtrise d'elle-même. Elle fait des commentaires à voix haute lorsque le moment n'est pas approprié. Elle se lève quand ce n'est pas le temps. Elle pose constamment des questions, même si les réponses sont évidentes (par exemple, sur l'horaire de la journée, même s'il est inscrit au tableau). Lorsqu'on lui répond, elle n'attend pas la fin de la réponse pour poser une autre question. Son comportement perturbe toute la classe, monopolise l'attention et distrait l'ensemble des élèves.

Résumé

Les problèmes de comportement se manifestent de diverses façons.

- Relations avec les autres élèves
  - L'élève se perçoit constamment comme une victime.
  - L'élève subit un rejet de la part des autres élèves et n'a pas d'amies ou d'amis.
  - L'élève est l'objet de moqueries.
- Attitude envers les autres élèves
  - L'élève vole ou brise le matériel d'autrui.
  - L'élève lance des objets.
  - L'élève insulte ses camarades.
  - L'élève frappe, pousse ou blesse volontairement ses camarades.

- L'élève fait preuve d'arrogance.
- L'élève se dispute avec les autres élèves.
- L'élève, une fois en colère, a du mal à se calmer.

● Attitude envers l'autorité 3
- L'élève refuse de suivre une consigne.
- L'élève manifeste de l'hostilité à l'égard des personnes en autorité.
- L'élève conteste de façon démesurée.
- L'élève invoque les circonstances pour excuser son comportement.
- L'élève nie ses responsabilités.

● Comportement à l'égard du travail scolaire 7
- L'élève refuse de faire son travail.
- L'élève remet son travail en retard.
- L'élève termine rarement le travail demandé.
- L'élève ne s'acquitte pas de ses responsabilités (par exemple, durant les travaux d'équipe).

● Hyperactivité 2
- L'élève a du mal à demeurer assise ou assis.
- L'élève se lève lorsque ce n'est pas le temps.
- L'élève s'excite facilement.
- L'élève fait des commentaires inappropriés à des moments mal choisis.
- L'élève pose des questions de façon excessive même lorsque les réponses sont évidentes.
- L'élève n'attend pas la réponse à une question avant d'en poser une autre.
- L'élève a tendance à agir de façon impulsive sans réfléchir aux conséquences de ses gestes ou de ses paroles.

● Comportement à l'égard du climat de travail 6
- L'élève fait du bruit en classe.
- L'élève a de la difficulté à se concentrer sur le travail demandé.
- L'élève éparpille les objets et le matériel un peu partout.

● Attitude envers soi-même 5
- L'élève croit que le succès est impossible.
- L'élève doute de ses capacités.
- L'élève fait preuve d'une faible estime de soi.
- L'élève sollicite constamment l'aide et l'approbation de l'adulte.

Les principes à respecter

À quoi reconnaît-on les enseignantes et les enseignants qui sont efficaces face au comportement des élèves ? Ce n'est pas dans leur façon de réagir à des cas d'indiscipline, c'est plutôt dans les techniques qu'elles ou qu'ils utilisent pour prévenir des problèmes en suscitant l'engagement et la motivation des élèves et en misant sur des éléments de prévention tels que le code de conduite et une organisation efficace du temps.

Engager les élèves activement

Les problèmes de comportement surgissent très souvent lorsqu'il y a absence d'engagement des élèves dans les activités demandées. Certaines ou certains élèves se sentent totalement dépassées ou dépassés par le travail à faire et préfèrent attirer l'attention ou simplement s'amuser pour passer le temps. D'autres ne voient pas l'utilité de dépenser autant d'énergie pour une tâche qui leur semble inutile. Lorsque les élèves s'investissent dans des activités d'apprentissage, on remarque que le climat de la salle de classe est normalement favorable aux conditions d'apprentissage[1].

Établir des règles de vie claires et bien en vue

Ces règles de vie doivent être établies avec la collaboration active des élèves, qui contribuent véritablement aux décisions touchant la vie en classe. Les règlements seront d'autant mieux respectés qu'ils auront été formulés par les élèves et acceptés par toutes et tous en vue de créer un meilleur climat de classe. Afin de ne pas alourdir inutilement la gestion de la classe, il est bon de limiter le nombre de règlements et de ne retenir que les plus importants. Des conséquences seront prévues en cas de manquement à l'un ou l'autre de ces règlements. Il est essentiel que le code de vie soit connu de toutes et tous et qu'il soit placé bien en vue pour qu'on puisse s'y référer régulièrement.

Ce qui différencie les enseignantes et les enseignants qui gèrent efficacement leur classe de celles et ceux qui éprouvent des problèmes de discipline tient souvent dans l'établissement d'un code de vie juste et pertinent, dans l'application judicieuse des conséquences et dans la création d'un climat de classe agréable pour les élèves. Ce code de vie n'est pas perçu négativement par les élèves ; il leur sert d'encadrement dans leur liberté d'action.

••••••••••••••••

1. R. Charette, *Pédagogie, Performance, Professionnalisme*, Vanier, Centre franco-ontarien des ressources pédagogiques, 1998.

Gérer efficacement les périodes de transition

La majorité des incidents se produisent durant les périodes de transition. L'élève résistera au changement d'activité, s'impatientera ou en profitera pour agacer une ou un camarade. Le bruit provoqué par le mouvement des élèves excitera certains individus, qui ne manqueront pas de hausser le ton. On doit bien structurer ces périodes de transition :

- en avertissant à l'avance les élèves que l'activité en cours sera modifiée (en indiquant, par exemple, qu'il reste cinq minutes avant de passer à autre chose, l'élève n'est pas prise ou pris au dépourvu quand vient le temps de cesser une tâche) ;

- en prévoyant à l'avance les difficultés qui peuvent survenir (manque d'espace pour les rangs, bavardage dans le corridor, etc.) ;

- en donnant à l'enfant qui a des problèmes un rôle d'aide durant les périodes de transition : ramasser les feuilles, effacer le tableau, ranger les chaises, etc.

Un enseignement bien préparé (ressources accessibles, prévision des réactions, utilisation de moyens efficaces, etc.) permet de réduire au minimum le temps nécessaire aux transitions. Il faut, répétons-le, maximiser le temps où l'élève est activement engagée ou engagé dans des activités d'apprentissage. En réduisant les pertes de temps, on fait en sorte que les temps de transition sont minimisés et on réduit les risques qu'apparaissent des problèmes de comportement.

Assurer une présence bienveillante

Pour être efficace, il faut connaître tout ce qui se passe dans toutes les parties de la classe[2]. On doit démontrer de l'intérêt pour le travail en cours et faire savoir à l'élève, par un contact visuel, qu'on sait où elle ou il en est dans sa production. L'enseignante ou l'enseignant intervient judicieusement en cas de besoin, et ce, sans trop tarder. En assurant une présence bienveillante, on est en mesure de réagir rapidement et de mettre en place les dispositifs nécessaires pour éviter que la situation ne se détériore. Cette présence permet également de profiter des situations pour encourager toute tentative d'attitude positive de la part de l'élève.

Motiver l'élève

Une grande question revient sans cesse dans les propos des enseignantes et des enseignants : comment se fait-il que des élèves s'engagent à fond dans leur cheminement pédagogique alors que d'autres abandonnent facilement ou rechignent à la moindre difficulté ? La réponse se trouve en grande partie dans la motivation de l'élève.

2. *Ibid.*

Selon Rolland Viau, la «motivation en contexte scolaire est un état dynamique qui a ses origines dans les perceptions qu'un élève a de lui-même et de son environnement et qui l'incite à choisir une activité, à s'y engager et à persévérer dans son accomplissement afin d'atteindre un but. [...] La motivation est donc un phénomène dynamique, c'est-à-dire qui change constamment, dans lequel interagissent les perceptions de l'élève, ses comportements et son environnement, qui implique l'atteinte d'un but. Cette définition signifie qu'un enseignant ne doit pas s'attendre à ce que seule la matière suffise à motiver ses élèves ; cela dépendra des conditions d'apprentissage qu'il saura créer et de la façon dont les élèves les percevront[3]. »

Il est très important de se questionner sur la motivation qui pourrait inciter l'élève à effectuer un travail ou à suivre une leçon. À cette fin, un questionnaire portant sur la pensée réflexive exercée en fonction de la motivation scolaire peut permettre de centrer les actions pédagogiques sur le développement d'une plus grande motivation scolaire (feuille reproductible 4.1).

Afin de favoriser la motivation de l'élève à faire une activité, on doit l'amener à en percevoir la valeur en l'informant, par exemple, de l'utilité de l'apprentissage en cours. Cette valeur dépend grandement de la signification que prend l'activité dans la vie de tous les jours. Il importe donc de faire le rapprochement entre l'activité et son utilité dans le monde réel. L'élève doit également sentir qu'elle ou qu'il a les compétences pour faire le travail demandé : on devra donc ajuster l'activité à son niveau. Celle-ci ne sera pas trop difficile mais présentera tout de même un certain défi. Enfin, l'élève doit exercer un certain contrôle sur la tâche : il est donc essentiel qu'elle ou qu'il puisse faire un choix quant au sujet traité, à la durée du travail demandé, à la forme de présentation (orale ou écrite), aux partenaires de travail ou aux ressources à exploiter, par exemple.

Amener l'élève à se fixer des buts

Il est important que l'élève voie ses compétences dans la perspective d'un continuum, qu'elle ou qu'il puisse déterminer où elle ou il se situe et qu'elle ou qu'il soit en mesure de se fixer des objectifs réalistes. Ce n'est que de cette façon que l'élève trouvera un sens à l'école et se donnera un projet qui l'amènera à persévérer.

Selon Jacques Tardif[4], la zone de développement prochain et l'étayage sont essentiels pour répondre de façon satisfaisante aux besoins de l'élève. La zone de développement prochain est une zone cognitive dont la frontière est marquée par la capacité de l'élève de résoudre un problème dans la

• • • • • • • • • • • • • • • •

3. Rolland Viau, *La motivation en contexte scolaire,* Saint-Laurent, Éditions du Renouveau pédagogique, 1994.
4. Jacques Tardif, *Pour un enseignement stratégique,* Montréal, Logiques, 1992.

mesure où elle ou il reçoit l'assistance d'un adulte compétent ou d'un pair plus avancé. Le concept d'étayage renvoie au soutien temporaire que l'adulte donne à l'élève; ce soutien diminue au fur et à mesure que l'élève développe ses habiletés.

Il faut donc conscientiser l'élève quant à son comportement et l'amener à se donner des défis. La feuille reproductible 4.2 peut servir de soutien à cette démarche.

Faire des habiletés sociales un élément important du curriculum

Le temps consacré à l'enseignement des habiletés sociales est plus que compensé par l'augmentation de l'autonomie de l'élève et de sa responsabilité envers autrui. Lorsque l'élève apprend à reconnaître les comportements sociaux acceptables, prend conscience de la portée de ses actions sur les autres, s'ouvre à la dimension affective, communique ses sentiments et maîtrise ses émotions, un pas de géant est accompli dans l'acquisition des compétences sociales.

Deux moyens qui ont fait leur preuve peuvent être avantageusement exploités à cet égard : le conseil de coopération (voir les encadrés 4.1 et 4.2) et la promotion des conduites pacifiques (Vers le Pacifique; voir l'encadré 4.3).

Établir une relation authentique et respectueuse avec l'élève

Les interventions doivent être basées sur un contact positif avec l'élève. Il est essentiel de prévoir des moments pour discuter en privé avec l'élève. Encourager, féliciter et souligner les petits succès contribuent à créer un climat de confiance. Enfin, une relation authentique se fonde sur le souci que chaque individu se fait pour l'autre : démontrer de l'attention à une ou à un élève, lui signifier son intérêt pour ce qu'il fait, s'informer de son état de santé, être attentive ou attentif à ses moments de joie ou de peine sont quelques petites délicatesses qui permettent à l'élève de croire qu'on la ou le comprend vraiment.

Privilégier les approches positives

Organiser des activités sportives durant les récréations; créer un sens d'appartenance à l'école et développer la fierté d'en faire partie en introduisant un thème commun au début de l'année; former un comité des activités récréatives dont le mandat est de suggérer des jeux, de superviser l'animation à certaines périodes ou d'organiser des rencontres sportives; voilà autant de suggestions de moyens permettant de diminuer de façon radicale les problèmes de comportement dans la cour de récréation. Enfin, on devrait, autant en classe qu'ailleurs, détecter les éléments positifs dans les comportements observés plutôt que chercher les éléments de manquement.

Le conseil de coopération

 Qu'est-ce que le conseil de coopération ?

Le conseil de coopération est la réunion hebdomadaire de l'ensemble des élèves de la classe et de la ou du titulaire pour gérer la vie en classe.

 Principes de base

En instaurant le conseil de coopération, on cherche à :
- promouvoir le respect des autres ;
- régler les conflits ;
- permettre aux élèves de participer à la gestion de la classe, notamment dans :
    - les projets de classe ;
    - la planification d'une sortie ;
    - le partage des responsabilités ;
- prendre le temps de parler des sujets délicats qui tiennent à cœur aux élèves ;
- féliciter les élèves ;
- faciliter l'expression de messages clairs ;
- discuter de certains comportements.

 Conséquences sur le plan pédagogique

L'élève apprend à :
- rédiger des messages clairs ;
- maîtriser ses émotions ;
- différer ses besoins ;
- régler de façon positive ses conflits ;
- développer l'entraide ;
- exprimer ses sentiments ;
- établir un rapport positif avec sa ou son titulaire puisqu'il y a un temps pour régler les conflits et que ce n'est plus l'adulte qui sanctionne les manquements mais le groupe ;

- respecter des principes démocratiques en reconnaissant ses droits et ses responsabilités et les droits et les responsabilités des autres.

L'enseignante ou l'enseignant :
- peut concentrer son énergie sur des éléments pédagogiques plutôt que régler une foule de conflits ;
- n'est plus le juge ultime puisque c'est le conseil qui sanctionne les agissements des élèves.

Il est important que les élèves sachent que l'enseignante ou l'enseignant accepte de partager son pouvoir et qu'elles ou qu'ils peuvent s'exprimer ouvertement.

 Préparation nécessaire pour établir un conseil de coopération

- S'assurer que les élèves connaissent le but et les principes du conseil de coopération par des discussions sur le sujet.
- Prévoir le lieu de rencontre, la durée de la séance ainsi que le moment de la semaine où la séance se déroulera.
- Organiser un tableau (journal mural) où les messages pourront être affichés.
- Prévoir un cahier où les notes prises durant la séance du conseil de coopération seront consignées (compte rendu).
- Établir l'ordre du jour avant chaque séance.

Règles pour faciliter la réussite du conseil de coopération

- Faire preuve de régularité, les élèves attendent impatiemment la tenue du conseil. Elles ou ils ont confiance que leur problème sera résolu et que l'enseignante ou l'enseignant prendra au sérieux leurs difficultés.

- Respecter le temps prévu pour la séance. Il faudra établir des priorités et ne pas s'étendre sur des sujets non pertinents.
- Respecter la démocratie. Ne pas oublier de faire voter les élèves et tenir compte de leur opinion et de leurs suggestions.

On peut consulter D. Jasmin, *Le conseil de coopération*, Montréal, Éditions de la Chenelière, 1993, livre qui décrit la démarche pour instaurer avec succès le conseil de coopération en classe.

 **Encadré 4.2**

Difficultés vécues durant les conseils de coopération et exemples de solution

 Des élèves perturbent la réunion

Pour éviter que les élèves qui ne prennent pas le conseil de coopération au sérieux perturbent la réunion, il est bon d'établir un système de sanction efficace dès le départ, comme les chaises des perturbatrices et des perturbateurs.

Trois chaises sont prévues pour les élèves qui dérangent. L' élève qui perturbe la séance doit aller s'asseoir sur une de ces chaises. À la première infraction, la durée de la sanction est de deux minutes ; à la deuxième infraction, la sanction est de quatre minutes ; et à la troisième infraction au cours de la même rencontre, l'élève est expulsée ou expulsé du conseil. Lorsque l'élève est sur la chaise des perturbatrices et des perturbateurs, son droit de parole et de vote lui est retiré, et lorsque les trois chaises sont occupées, la séance du conseil de coopération prend fin.

Petit truc : au début de la séance ou au début de l'année, choisir des élèves qui seront responsables du chronométrage du temps des sanctions.

Les élèves ne font que des remarques négatives

Au début de l'année, parce que les élèves ne sont pas habituées ou habitués à la démarche et n'en comprennent pas toujours le bien-fondé, toutes les disputes et les petits accrochages aboutiront inévitablement au conseil de coopération. Cette façon de se servir du conseil est évidemment préférable à l'utilisation de la violence dans la cour de récréation ou en classe. Peu à peu, cependant, les interventions relatives à des comportements négatifs diminueront pour faire place à des points positifs.

Afin d'orienter les élèves vers des éléments positifs, donner l'exemple : adresser des remerciements et des félicitations aux élèves qui auront fait des gestes méritants au cours de la semaine. En très peu de temps, les élèves apprendront à s'encourager, à noter les comportements agréables et à dévoiler leurs sentiments positifs.

Les séances du conseil de coopération grugent du temps qui pourrait être consacré au travail scolaire

Si on calcule tout le temps passé au retour de la récréation à tenter de régler les conflits, il y a lieu de se poser des questions sur une façon plus efficace d'utiliser le temps de classe. Le conseil de coopération, réuni une fois par semaine, est une solution tout indiquée. Cependant, il est bon de limiter la durée des séances (de 45 à 60 minutes par semaine). De cette façon, les élèves apprennent à établir leurs priorités et à en venir plus rapidement au but. De plus, le conseil de coopération est un excellent moyen d'enseigner les habiletés sociales, partie intégrante du curriculum de l'élève. C'est donc du temps qui peut être très rentable sur le plan de la pédagogie.

En établissant un conseil de coopération, l'enseignante ou l'enseignant diminue son pouvoir de décision et de discipline

Les solutions qui émanent des élèves sont originales et souvent très appropriées pour autant qu'elles respectent les contraintes du milieu scolaire et les buts poursuivis par l'enseignante ou l'enseignant.

Il est important que l'enseignante ou l'enseignant garde le contrôle de la classe tout en engageant les élèves dans le processus de décision. C'est faire preuve de considération à leur endroit que de les consulter pour des éléments qui concernent la vie de classe. De plus, les solutions qui sont apportées et discutées par les élèves ont beaucoup plus de chances d'être acceptées par l'ensemble du groupe et de réussir.

Certains parents n'apprécient pas la création d'un tel conseil

Habituellement, les parents qui sont bien informés acceptent facilement cette façon de procéder. Il est bon de les informer dès le début de l'année de la création du conseil de coopération et de son bien-fondé. On doit également renseigner la direction de l'école sur l'expérience menée avec les élèves et sur les buts poursuivis, et s'assurer de son appui.

Des difficultés surviennent au sein du conseil

On peut d'abord entrer en contact avec des personnes qui utilisent le conseil de coopération avec succès dans leur classe. Parler de ses difficultés et des expériences tentées mènera inévitablement à diverses tentatives de solutions. En parler avec ses élèves peut aussi s'avérer une source de découvertes inespérées.

Vers le Pacifique

 But

Prévenir la violence par la promotion de comportements pacifiques.

 Principes de base

On vise à amener l'élève à :
• améliorer ses relations avec autrui ;
• augmenter la compréhension qu'elle ou qu'il a de lui-même et des autres ;
• acquérir les habiletés d'écoute, de jugement critique et d'expression verbale ;
• mieux gérer ses conflits.

 Quelques éléments importants du programme

• **Stratégies de communication**
On fait vivre à l'élève les conditions nécessaires à une bonne communication : écouter, parler calmement, respecter le message de l'autre, attendre son tour pour parler. On lui fait prendre conscience des conditions nuisibles à une bonne communication : monter le ton, couper la parole, accuser l'autre, crier, insulter, ne pas écouter le point de vue de l'autre. Enfin, on insiste sur la façon de dire sa version des faits sans accuser l'autre.

• **Expression des sentiments et des émotions**
L'élève apprend par des dessins et des jeux de rôle à reconnaître les sentiments véhiculés dans une situation donnée et les signes physiques menant à l'apparition de certains sentiments (par exemple, la colère). Elle ou il apprend aussi à employer le « je » pour exprimer ses sentiments de façon positive.

• **Maîtrise de la colère**
On insiste particulièrement sur les techniques de maîtrise de la colère. L'élève doit reconnaître les signes physiques annonciateurs de la colère. On l'amène à faire le lien entre la colère et les conflits. On traite également des conséquences de la colère (paroles blessantes, gestes inappropriés, violence).

Pour une description complète du programme, on peut lire le document suivant : Corporation foyer Mariebourg, *Vers le Pacifique*, distribué par Chenelière/McGraw-Hill, Montréal.

Des pistes de solutions

L'enseignante ou l'enseignant trouvera dans la présente section des pistes pour aider l'élève qui connaît des problèmes de comportement. Les cas analysés se rapportent aux exemples décrits dans la section « La manifestation des problèmes de comportement », à la page 118.

L'élève qui est rejetée par les autres (Sonia)

Le rôle de l'enseignante ou de l'enseignant est avant tout de créer un climat de classe facilitant l'intégration sociale de l'individu. Elle ou il agit donc de façon à favoriser le développement d'une grande ouverture d'esprit chez ses élèves, les guidant ainsi vers une plus grande acceptation d'autrui. Elle ou il devra, par conséquent :

- encourager la collaboration entre les élèves ;
- mettre en évidence les forces de l'élève en difficulté ;
- rencontrer l'élève en difficulté individuellement et l'amener à changer son attitude à l'égard des autres ;
- amener l'élève à créer des liens d'amitié et à élargir son cercle d'amies et d'amis en utilisant, par exemple, l'approche coopérative (voir la section « L'approche coopérative » dans le chapitre 7 pour plus d'informations) ;
- questionner l'élève sur les problèmes éprouvés et l'amener à trouver des solutions ;
- favoriser la pratique réflexive où l'élève s'interroge sur l'apprentissage à travailler en équipe, sur le partage, sur le respect des points de vue ;
- mettre en place des conditions pour que des relations positives entre l'élève en difficulté et les autres élèves puissent s'établir (par exemple, partenariat avec un pair durant les travaux, association entre les élèves pour les jeux dans la cour de récréation) ;
- donner des responsabilités à l'élève qui lui permettront de se mettre en valeur et de rehausser l'image que les autres se font d'elle ;
- enseigner à l'élève comment s'affirmer de façon positive ;
- réduire peu à peu la dépendance de l'élève par rapport à l'adulte pour résoudre ce problème ;
- discuter du problème de l'élève au conseil de coopération ;
- fournir à l'élève l'occasion de s'autoévaluer régulièrement quant à sa participation au travail d'équipe (feuille reproductible 4.3) et à sa coopération avec les autres (feuille reproductible 4.4).

L'élève qui résiste à l'autorité (Yan)

Dans une telle situation, l'enseignante ou l'enseignant ressent souvent de la colère et a tendance à tenir tête à l'élève. Souvent, elle ou il éprouve un sentiment d'échec relativement à sa compétence professionnelle et se demande : « Qui mène ? Lui ou moi ? »

Il est important de ne pas discuter inutilement avec l'élève et de ne pas provoquer un conflit. Si on veut changer un tel comportement, il faut travailler à établir une relation de confiance avec l'élève. Il ne faut surtout pas chercher à le « casser » car, très souvent, l'élève se referme et la situation se détériore encore davantage. L'enseignante ou l'enseignant devra, par conséquent :

- discuter avec l'élève, en privé, de la situation inconfortable où les deux parties sont placées et des retombées de son attitude ;
- informer l'élève des objectifs poursuivis dans l'activité qui fait l'objet du litige et des résultats attendus de sa part ;
- préciser à l'élève les conséquences de ses agissements ;
- appliquer calmement les sanctions que requièrent les agissements de l'élève ;
- conclure avec l'élève une entente au sujet des situations où il peut effectivement exercer son pouvoir de façon positive ;
- amener l'élève à préciser sa perception de la classe, de l'école et de l'enseignante ou de l'enseignant (feuille reproductible 4.5) ;
- favoriser la participation active de l'élève aux activités de la classe ;
- donner à l'élève la possibilité de faire un choix d'activités, ce qui lui permettra d'exercer son pouvoir de manière constructive ;
- proposer à l'élève des tâches signifiantes et des activités ayant des retombées utiles ;
- exploiter les forces de l'élève dans des contextes pratiques ;
- valoriser les petits succès pour mener l'élève à l'expression d'une attitude positive à l'égard de l'autorité ;
- fournir à l'élève l'occasion de s'autoévaluer quant au respect du code de conduite (feuille reproductible 4.6).

L'élève qui manifeste un syndrome d'échec (Julie)

Cette élève se sent diminuée, dévalorisée et a une mauvaise estime d'elle-même. On doit viser en tout premier lieu à lui faire expérimenter la réussite pour renverser le sentiment d'échec. Il faut donc :

- s'assurer que la tâche à accomplir correspond au niveau de rendement de l'élève ;
- présenter à l'élève des défis raisonnables ;
- prendre en considération les connaissances antérieures de l'élève ;
- fournir à l'élève des indices l'aidant à faire appel à ses connaissances ;
- chercher à faire atteindre à l'élève des objectifs essentiels ;

- donner à l'élève la possibilité de faire un choix d'activités, ce qui lui permettra de mettre ses forces en valeur;

- guider discrètement les essais de l'élève;

- mettre l'accent sur les éléments forts de son travail plutôt que sur les points faibles;

- recourir aux ressources disponibles: les autres élèves de la classe, les personnes bénévoles;

- diviser la tâche en petites étapes pour la rendre plus attrayante; on peut, par exemple, séparer le devoir en plusieurs mini-devoirs et offrir du renforcement à l'élève chaque fois qu'elle en a terminé un avec succès;

- encourager l'élève à se prendre en charge;

- donner des directives claires (orales ou écrites);

- réduire le nombre d'exercices que l'élève doit effectuer dès qu'elle a acquis la maîtrise de l'habileté visée;

- amener l'élève à formuler ses remarques de façon positive: «Je peux essayer!» au lieu de «Je ne suis pas capable!»;

- fournir à l'élève, si nécessaire, des modèles de ce qui est demandé;

- organiser un système de parrainage avec une ou un autre élève pour l'épauler dans ses tâches scolaires;

- fixer conjointement avec l'élève des buts réalistes;

- appuyer l'élève dans son organisation (très souvent, une lacune à ce niveau anéantit tout effort et toute chance de succès) par:
  - l'utilisation du surligneur pour mettre en évidence les passages importants à étudier;
  - l'établissement d'un système de vérification du matériel nécessaire (feuille reproductible 4.7);

- accorder si nécessaire du temps supplémentaire à l'élève pour qu'elle effectue une tâche demandée;

- varier les approches afin de maintenir l'intérêt de l'élève;

- conserver des échantillons du travail de l'élève pour pouvoir les comparer ultérieurement;

- souligner le progrès de l'élève, si minime soit-il;

- encourager les efforts de l'élève;

- réduire progressivement la dépendance de l'élève par rapport à l'adulte pour régler ce problème;

- fournir à l'élève l'occasion de s'autoévaluer quant à son autonomie (feuille reproductible 4.8).

L'élève qui fait preuve d'entêtement (Marco)

On peut aider l'élève à être plus flexible. Pour ce faire, il faut :

- proposer une solution de rechange acceptable en cas de conflit (par exemple, « Veux-tu avoir le casse-tête en attendant que les blocs lego soient disponibles ? ») ;
- établir des procédures pour les périodes de transition entre les activités ;
- renseigner l'élève sur les objectifs et le bien-fondé de l'activité proposée ;
- donner à l'élève une responsabilité pendant les périodes de transition ;
- amener l'élève à s'autoévaluer sur sa capacité de suivre les consignes et de respecter les autres (feuille reproductible 4.9) ;
- signaler à quelques reprises à l'élève que l'activité en cours va bientôt changer ;
- permettre à l'élève de continuer d'admirer son « chef d'œuvre » en utilisant des moyens qui le permettent. Voici un exemple :

  L'élève refuse catégoriquement qu'on détruise la structure de blocs lego qu'il a patiemment bâtie. La prise d'une photo peut régler ce problème, car l'élève peut continuer d'admirer son travail tout en permettant aux autres élèves d'utiliser les blocs.

- encourager l'élève à apprendre à verbaliser ses intentions et ses émotions plutôt que de se mettre à pleurer.

L'élève qui s'exprime par des comportements excessifs (Julien)

Habituellement, un élève qui se comporte ainsi ressent des sentiments d'injustice. Il vole, provoque la colère, blesse ses camarades parce qu'il se sent maltraité par les personnes qui l'entourent. Très souvent, c'est un individu qui n'a pas appris à communiquer efficacement et à régler ses différends avec les autres de façon socialement acceptable ; c'est pourquoi il donne des coups et brise tout autour de lui. L'élève peut également agir ainsi parce qu'il veut échapper à une activité, ou parce qu'il désire obtenir un objet quelconque ou faire une activité particulière. Il ne sait pas comment différer ses besoins : il veut quelque chose et il le veut tout de suite. La colère peut lui sembler la manière la plus efficace d'obtenir ce qu'il désire. Enfin, il est possible que la violence tant physique que verbale soit chose courante dans son milieu familial.

La colère peut devenir un puissant outil de contrôle du milieu social ; l'élève peut donc être tenté de recourir encore plus à ce modèle de comportement. On trouvera ci-dessous quelques conseils quant à l'orientation à donner aux interventions auprès de ce genre d'élève.

Il est essentiel d'établir une relation positive avec l'élève. Il faut donc :

- être à l'écoute des sentiments de l'élève tout en conservant son rôle de personne en autorité ;

- rester calme. On regrette souvent les mots qu'on prononce mais rarement ceux que l'on tait, car on aura toujours la chance de les dire s'ils en valent la peine, ou de les garder pour soi si on les juge blessants[5];
- reconnaître les signes de colère chez l'élève et l'amener lui aussi à les reconnaître afin de prévenir une situation explosive. Les signes de la colère sont généralement perceptibles dans le langage corporel et prennent souvent la forme d'une agitation excessive, de rougeurs et de signes verbaux comme une hausse du ton de voix;
- être proactive ou proactif et réagir avant que l'élève n'utilise un comportement agressif: le toucher doucement ou intervenir par un signe quelconque;
- discuter calmement avec l'élève et de manière non menaçante. Poser des questions et écouter: écouter a un effet calmant;
- amener l'élève à reconnaître et à verbaliser ses sentiments; on peut lui dire, par exemple, «C'est bien de le dire avec des mots...»; «J'entends bien ce que tu dis quand tu parles de...»;
- vérifier les éléments fondamentaux pouvant être à l'origine d'un conflit (feuille reproductible 4.10):
  – lieu et moment où le comportement inapproprié s'est produit;
  – antécédents (que s'est-il passé avant?) et description de l'incident;
  – actions prises et suivi à faire à la suite de l'incident;
- encourager l'élève à apprendre à maîtriser ses émotions et à trouver d'autres façons que la violence ou la colère pour régler ses difficultés;
- aider l'élève à dresser un profil de son comportement, à percevoir ses progrès, même minimes, et à se fixer de nouveaux défis;
- assurer un suivi à la démarche, ce qui est capital. On peut, par exemple, se servir d'une autoévaluation régulière relative à la problématique de l'élève (feuille reproductible 4.6);
- faire régulièrement le bilan de la situation au cours d'une rencontre privée.

L'enseignante ou l'enseignant doit permettre à l'élève de se retirer pour qu'il ait la possibilité d'avoir un moment de solitude lorsqu'il sent venir les signes de la colère. Cette attitude préventive permettra à l'élève de reprendre progressivement la maîtrise de ses émotions et préservera le climat instauré dans la salle de classe.

Il faut à tout prix éviter de réprimander l'élève en public et, même si l'envie est forte, de hausser le ton. On tient l'élève à l'écart des autres élèves pour discuter du problème et, répétons-le, on se doit de rester calme. Critiquer un élève quant à son comportement devant les autres élèves ne fait que

....

5. H. Weisinger, *L'intelligence émotionnelle*, Montréal, Éditions Transcontinental, 1998.

nuire à la relation entre l'enseignante ou l'enseignant et l'élève et détruit l'estime de soi de ce dernier.

Les sanctions prévues dans le code de conduite pour un mauvais comportement seront appliquées si nécessaires, et non des punitions ; celles-ci provoquent davantage la révolte.

Il est important de se rappeler que la patience et la persévérance sont de rigueur en présence d'un élève manifestant des problèmes de comportement. La communication est la base de toute relation harmonieuse. Briser la communication, c'est comme raccrocher le téléphone lorsque son interlocuteur parle encore. Il devient alors difficile de reprendre la discussion. Si l'enseignante ou l'enseignant démontre un sentiment de rejet à l'égard de l'élève ou éprouve de la difficulté à discuter avec l'élève ou avec ses parents, elle ou il ne pourra intervenir efficacement. Il est nécessaire de faire preuve d'objectivité dans son évaluation de la situation et d'initier le processus de changement du comportement fautif en se basant sur des faits : on dira « Tu t'es battu trois fois pendant la récréation. » ; « Tu as brisé son crayon. » ; « Tu as donné un coup de pied à Sara. » au lieu de « Tu es agressif. » ; « Tu es malfaisant. » ; « Tu provoques les conflits. » On démontre ainsi que ce n'est pas l'élève qui est rejeté, mais le comportement utilisé.

Enfin, le programme « Vers le Pacifique » est un excellent moyen de faire prendre conscience à l'élève qu'il existe des façons de prévenir la colère (voir l'encadré 4.3).

L'élève souffrant de troubles d'attention accompagnés d'hyperactivité (Hélène)

Chez l'élève ayant des troubles d'attention accompagnés d'hyperactivité, les comportements suivants se manifestent avec plus d'intensité et plus fréquemment que chez les autres élèves. Ces comportements nuisent sérieusement au climat de la classe et à la réussite scolaire de l'élève. L'élève :

- peut difficilement rester assise ;
- fait du bruit ;
- parle en classe à des moments inappropriés ;
- éprouve de la difficulté à demeurer concentrée sur son travail ;
- se laisse facilement distraire ;
- a de la difficulté à accomplir une tâche avec précision.

L'enseignante ou l'enseignant éprouve de l'agacement car le comportement de l'élève perturbe toute la classe ; il devient impossible de bien se concentrer pour enseigner puisque l'élève requiert beaucoup d'attention. De son côté, l'élève n'a pas l'impression de déranger et, le plus souvent, n'a pas conscience des comportements inappropriés qu'on lui reproche. Il n'y a pas de mauvaise volonté dans ses agissements.

Voici quelques conseils quant à l'orientation à donner aux interventions auprès de l'élève. Il faut:

- disposer le pupitre de l'élève loin des endroits passants ou bruyants;

- éliminer ou contrôler les stimuli non pertinents: par exemple, il faut enlever les objets qui dérangent l'élève et placer cette dernière loin d'une fenêtre ou d'un endroit passant;

- attribuer à l'élève un espace bien défini;

- réduire le matériel à la disposition de l'élève et s'assurer que le matériel dont l'élève n'a pas besoin est rangé;

- insister auprès de l'élève pour qu'elle prenne au moins cinq secondes avant de donner une réponse afin de l'amener à réfléchir avant de parler;

- bien encadrer l'élève à l'aide de feuilles de route, d'un agenda et du parrainage par une ou un autre élève;

- encourager l'élève à développer ses compétences dans certains domaines;

- prendre note des attitudes de l'élève qui dérangent le plus et de la fréquence et du moment où elles se produisent afin de dresser un portrait global de la situation;

- amener l'élève à déterminer les moments où elle est moins attentive et à trouver des moyens pour se concentrer davantage;

- déterminer des objectifs précis en ce qui a trait aux comportements que l'on souhaiterait que l'élève adopte;

- faire comprendre à l'élève qu'elle a sa part de travail à faire pour améliorer la situation et décider d'un plan à court et à long terme;

- conserver des échantillons de travaux de l'élève, noter la date et le temps pris pour l'accomplissement de la tâche ainsi que le moment de la journée où la tâche a été effectuée;

- fournir à l'élève des indices visuels, par exemple, des tableaux ou des modèles, pour renforcer sa compréhension des notions;

- établir un contact régulier avec la famille de l'élève (par exemple, pour doser les médicaments, si nécessaire);

- utiliser de discrets signaux visuels ou tactiles lorsqu'on doit ramener l'élève à l'ordre; en voici quelques exemples:
  - regarder l'élève;
  - se tenir près d'elle et lui mettre la main sur l'épaule lorsqu'on s'aperçoit de sa distraction;
  - faire un signe à l'élève (signe qui a été déterminé conjointement avec l'élève et que le reste de la classe ne connaît pas);

- garder l'élève active en lui demandant de formuler dans ses propres mots la consigne demandée;

- jumeler l'élève avec une ou un autre élève qui pourra lui fournir les explications manquantes ou l'aider à ne pas oublier certains de ses effets personnels.

Il a été démontré que, pour garder un certain niveau de concentration, l'élève présentant un déficit d'attention avec hyperactivité a besoin de bouger. Des enseignantes et des enseignants ont expérimenté avec succès certains systèmes permettant à l'élève d'être en mouvement tout en étant en situation d'apprentissage.

- L'emploi d'un ballon communément utilisé en ergothérapie sur lequel l'élève s'assoit lorsqu'elle doit écrire.

- L'utilisation de deux chaises : l'élève peut à loisir passer de l'une à l'autre.

- L'attribution de tâches permettant à l'élève de se lever régulièrement : effacer le tableau, distribuer les feuilles, etc.

Plus le niveau d'intérêt de l'élève est élevé, meilleure est sa concentration. Il est donc très important d'expliquer dès le départ les raisons pour lesquelles le travail est demandé et de tenter d'éveiller la curiosité de l'élève et, si possible, sa fascination[6]. L'enseignante ou l'enseignant doit également varier le ton de la voix, utiliser différentes approches et démontrer de l'enthousiasme pour garder l'élève concentrée sur la leçon. Enfin, si l'élève ne peut fixer son attention que pendant une brève période, il est primordial de limiter la longueur des leçons.

6. C. Desjardins, *Ces enfants qui bougent trop*, Outremont, Éditions Quebecor, 1992.

Internet au service des enfants en difficulté

Bottin de sites favorisant la compétence à gérer les problèmes de comportement en classe

- **À la recherche de la bonne clé**   *http://www.cfc-efc.ca/docs/00000504.htm*
  Article intéressant portant sur la motivation.

- **Apprendre au XXIᵉ siècle**   *http://www.tact.fse.ulaval.ca/fr/html/vision2.html*
  Pour mieux intervenir auprès des élèves dans le contexte scolaire d'aujourd'hui.

- **Guide pour les parents d'enfants hyperactifs**
  http://planete.qc.ca/sante/elaine/.
  On y définit ce qu'est l'hyperactivité et les stratégies d'enseignement appropriées pour l'élève hyperactif.

- **Le grand saut**   *http://www.cfc-efc.ca/docs/00000516.htm*
  Les problèmes de transition des élèves en difficulté d'apprentissage et de leurs parents. Réponses à des questions que plusieurs enseignantes, enseignants et parents se posent relativement à la transition entre le secondaire et le postsecondaire, et à la dépendance de l'élève par rapport à l'adulte.

- **Troubles, étiologies et diagnostics**
  http://www.geocities.com/CollegePark/Classroom/7580/PSY6.html
  On y définit les principales difficultés de l'élève, dont celles rattachées au trouble d'attention. On y parle aussi des traits caractéristiques du jeune en déficit d'attention, de l'étiologie et des ressources qui existent pour remédier au problème.

- **Hyperactivité avec déficit d'attention**   *http://web.wanadoo.be/scarlett/*
  Explications claires et précises sur l'hyperactivité avec déficit d'attention, sur ses conséquences au plan familial et sur les moyens que les enseignantes et les enseignants peuvent utiliser pour en faire le dépistage.

- **Hyperactivité S.O.S.**   *http://www.hypsos.ch/*
  Cliquez sur *Revue de presse*. Articles très intéressants montrant comment on peut reconnaître les élèves présentant les caractéristiques de l'hyperactivité.

- **Hyperactif**   *http://www.troyes.org/hyperactif/*
  On y traite du lien entre l'hyperactivité et les troubles de comportement. La chronique sur les questions les plus fréquentes est fort intéressante.

- **L'hyperactivité de l'enfant**
  http://www.geocities.com/HotSprings/4512/fthada.html
  Définition, symptômes et intervention.

Autoévaluation de l'enseignante ou de l'enseignant

Cochez les affirmations qui correspondent à ce que vous faites pour aider l'élève qui connaît des problèmes de comportement.

	Oui	Non
1. J'établis une relation de confiance avec l'élève.	☐	☐
2. Je développe des moyens de susciter le respect et la tolérance entre les élèves.	☐	☐
3. J'encourage l'adoption d'attitudes positives (encouragement, remarques positives, etc.).	☐	☐
4. J'organise un partenariat avec d'autres classes, ce qui permet à mes élèves de développer certaines compétences sociales (comme faire connaître leurs habiletés en informatique).	☐	☐
5. Je bénéficie de l'appui de la direction pour exploiter certaines ressources qui répondent aux besoins de mes élèves (par exemple, aide au concierge ou au secrétariat, circulation dans les corridors, emploi du baladeur) afin de mettre sur pied un programme permettant de les valoriser.	☐	☐
6. Je crée une complicité avec certains adultes afin que les efforts de mes élèves soient encouragés.	☐	☐
7. Je valorise les progrès des élèves dans leur cheminement pédagogique et social.	☐	☐
8. Je planifie et gère efficacement les périodes de transition.	☐	☐
9. J'assure une présence bienveillante auprès des élèves.	☐	☐
10. Je réduis les problèmes d'indiscipline et d'inattention en offrant des activités qui suscitent l'engagement des élèves.	☐	☐

Fiche de réflexion

	Oui	Non
1. Mon approche suscite-t-elle de l'intérêt chez les élèves ?	☐	☐
2. La matière comporte-t-elle des éléments captivants ?	☐	☐
3. Le contenu de la leçon est-il pertinent compte tenu de l'âge et de l'expérience des élèves ?	☐	☐
4. Est-ce que j'utilise des techniques d'éveil afin de stimuler la curiosité des élèves ?	☐	☐
5. Mon style d'enseignement est-il assez varié pour susciter l'attention des élèves ?	☐	☐
6. Est-ce que je fais en sorte que les élèves voient l'importance de la leçon, de la matière ou de l'activité ?	☐	☐
7. Les tâches proposées correspondent-elles à des questions signifiantes pour les élèves ?	☐	☐
8. Est-ce que je fais des rapprochements entre mon enseignement et les besoins de mes élèves ?	☐	☐
9. Est-ce que j'encourage l'exploration du monde extérieur ?	☐	☐
10. Est-ce que je guide les élèves à l'intérieur des domaines dans lesquels elles ou ils sont susceptibles d'être « experts » pour ainsi leur permettre de briller ?	☐	☐
11. Est-ce que je prévois différentes façons d'effectuer la tâche demandée ?	☐	☐
12. Est-ce que j'amène les élèves à se fixer des objectifs réalistes ?	☐	☐

Nom : _____ Groupe : _____

Planification de ma démarche personnelle

Semaine du _____

1. Les buts que je me fixe pour cette semaine sont :

_____

_____

2. Je vais savoir que j'ai atteint mes buts de la façon suivante :

_____

_____

3. Les actions ou les étapes que je vais réaliser pour atteindre mes buts sont :

_____

_____

4. Les obstacles qui peuvent nuire à l'atteinte de mes buts sont :

_____

_____

Feuille reproductible 4.2 (suite)

Planification de ma démarche personnelle

5. Si j'ai besoin d'aide, je peux faire appel à :

_____

_____

6. Mon niveau de confiance par rapport à l'atteinte de mes buts est :

_____

_____

Évaluation

1. Mon niveau de satisfaction par rapport à l'atteinte de mes buts est :

_____

2. Les raisons qui ont fait en sorte que j'ai atteint ou non mes buts sont :

_____

_____

Signature de l'élève : _____ Date : _____

Nom : _____   Groupe : _____

J'évalue ma participation au sein de l'équipe

	Très bien	Satisfaisant	Amélioration nécessaire
1. Quand je discute en équipe, j'attends mon tour pour parler.	☐	☐	☐
2. Je partage mes idées avec les autres.	☐	☐	☐
3. J'accepte les idées des autres.	☐	☐	☐
4. Je fais ma part de travail.	☐	☐	☐
5. Je partage le matériel avec les autres.	☐	☐	☐

Nom : _____ Groupe : _____

J'évalue ma coopération avec les autres

	Très bien	Satisfaisant	Amélioration nécessaire
1. Je recherche la compagnie des autres.	☐	☐	☐
2. J'ai des gestes amicaux envers les autres.	☐	☐	☐
3. J'adopte une attitude positive dans mes discussions avec les autres.	☐	☐	☐
4. Je manifeste une certaine ouverture d'esprit à l'égard des opinions des autres.	☐	☐	☐
5. J'offre mon aide aux autres.	☐	☐	☐

Nom : _____ Groupe : _____

Invente ta propre école !

Si on te chargeait de créer ton école :

1. Comment serait-elle ?

_____

_____

2. Quel serait son fonctionnement ?

_____

_____

3. Pourquoi serait-elle agréable ?

_____

_____

4. Comment les enseignantes et les enseignants agiraient-ils ?

_____

_____

5. Quels seraient les rôles des élèves et leurs responsabilités ?

_____

_____

6. Comment ta classe serait-elle ?

_____

_____

Nom : _____   Groupe : _____

J'évalue mon respect du code de conduite

	Très bien	Satisfaisant	Amélioration nécessaire
1. Je respecte l'opinion des autres.	☐	☐	☐
2. J'accepte de ne pas toujours avoir raison.	☐	☐	☐
3. Je respecte les règles de vie de la classe.	☐	☐	☐
4. Je prends soin du matériel mis à ma disposition.	☐	☐	☐
5. Je résous les conflits de façon positive.	☐	☐	☐
6. Je respecte les personnes en situation d'autorité.	☐	☐	☐
7. Je suis aimable avec les autres.	☐	☐	☐

Grille de vérification du matériel

Date :

Noms	règle	crayon	étui à crayons	calculatrice	agenda			

Nom : _____ Groupe : _____

J'évalue mon autonomie dans mon travail

	Très bien	Satisfaisant	Amélioration nécessaire
1. Je remets mes travaux à temps.	☐	☐	☐
2. Je travaille bien sans surveillance.	☐	☐	☐
3. Je participe pleinement aux activités en classe.	☐	☐	☐
4. Je m'efforce de faire de mon mieux en tout temps.	☐	☐	☐
5. Je persévère malgré les difficultés que j'éprouve.	☐	☐	☐
6. Je respecte les délais prévus.	☐	☐	☐
7. J'utilise mon agenda de façon judicieuse.	☐	☐	☐
8. Je choisis moi-même le matériel, les livres et les ressources dont j'ai besoin.	☐	☐	☐
9. Je commence mon travail sans l'aide de personne.	☐	☐	☐
10. J'utilise le temps de manière efficace.	☐	☐	☐

Nom : _____ Groupe : _____

**J'évalue ma capacité de suivre les consignes
et de respecter les autres**

	Très bien	Satisfaisant	Amélioration nécessaire
1. J'attends mon tour dans les activités de groupe.	☐	☐	☐
2. Je suis les procédures prévues lorsque c'est le temps de changer d'activité.	☐	☐	☐
3. Je partage le matériel avec les autres.	☐	☐	☐
4. Je respecte les droits des autres.	☐	☐	☐
5. Je travaille en coopération avec les autres.	☐	☐	☐
6. J'accepte de ne pas toujours avoir raison.	☐	☐	☐

Grille de vérification

Nom de l'élève : _____

Date de l'incident : _____

Lieu où s'est produit l'incident : _____

Moment où s'est produit l'incident : _____

Antécédents

Voici ce qui s'est produit avant l'incident :

_____

_____

Incident

Voici une description de ce qui s'est passé :

_____

_____

Actions prises

À la suite de cet incident, voici ce qui a été entrepris :

_____

_____

Suivi à faire

_____

_____

Signature de l'intervenante
ou de l'intervenant scolaire : _____

Date : _____

CHAPITRE 5

L'élève montrant des signes de douance

La manifestation des signes de douance

Les principes à respecter

Des pistes de solutions

Internet au service des enfants en difficulté

Bottin de sites favorisant une meilleure compréhension
du phénomène de la douance ou une meilleure
intervention auprès de l'élève

Autoévaluation de l'enseignante ou de l'enseignant

a surdouée ou le surdoué est une ou un élève «d'un niveau mental très supérieur à la moyenne, qui a besoin de programmes d'apprentissage beaucoup plus élaborés que les programmes réguliers et mieux adaptés à ses facultés intellectuelles[1]». En fait, l'élève est habituellement tellement en avance sur ses camarades de classe que le personnel enseignant doit modifier le programme correspondant à son rythme d'apprentissage. Les élèves qui font preuve de douance sont «des penseurs et des chercheurs hors pair, des personnalités créatives, des producteurs et des êtres d'une grande sensibilité[2]».

Il est donc de toute première importance que l'on reconnaisse les signes de douance et que l'on propose des moyens d'apprentissage adaptés à ce genre de clientèle.

La manifestation des signes de douance

1. Joëlle démontre une très grande curiosité. Quand l'enseignante parle d'un sujet, elle veut savoir le «pourquoi» des choses. Elle est fascinée par les jeux de stratégie, les défis et les devinettes. Elle adore faire preuve de leadership dans la mise sur pied de projets complexes.

2. Étant donné que Steven possède un excellent vocabulaire, on le prend souvent pour un adulte, alors que ce n'est qu'un enfant. D'ailleurs, pendant la récréation, il reste avec les adultes qui surveillent les jeux et aime discuter avec eux de sujets très sérieux comme les problèmes politiques ou les conséquences sur l'environnement du réchauffement de la planète. Il n'a pas d'amis dans la classe et les autres élèves le traitent de «snob». Il a un sens de l'esthétique très développé, s'intéressant à la beauté exprimée dans l'art visuel et à la création musicale.

3. Xavier est porté à discuter la moindre chose. Il remet constamment en question les règlements de l'école et le code de vie de la classe. Il peut tourner en dérision la démonstration de l'enseignante ou de l'enseignant. Il est très perspicace et subtil. Il fréquente des élèves plus vieux que lui. Il se pense meilleur que les autres élèves de la classe, porte des

▪▪▪▪▪▪▪▪▪▪▪▪▪▪▪▪▪▪

1. Note de service concernant *La mise à jour des catégories d'anomalies et définition*, de Maurice Proulx, sous-ministre, ministère de l'Éducation et de la Formation de l'Ontario, adressée aux directrices et aux directeurs de l'éducation et aux administrations scolaires le 15 janvier 1999. Cette définition est la même que celle qui apparaît dans *Éducation de l'enfance en difficulté – Manuel d'information*, 1985, publié par le ministère de l'Éducation et de la Formation de l'Ontario.

2. Ministère de l'Éducation et de la Formation de l'Ontario, *Élaboration de programmes pour l'élève surdoué(e)*, 1985, p. 11.

jugements et fait des remarques déplacées, ce qui lui attire bien des ennuis. Par ailleurs, il est un être extrêmement sensible.

4. Christopher a un sens de l'humour développé. Il énonce même des idées un peu bizarres et est très original dans sa façon de se vêtir ou de s'exprimer. Il excelle particulièrement dans les activités où il peut jouer un rôle d'acteur. Malheureusement, il ne manifeste plus aucun intérêt sur le plan scolaire, malgré un grand potentiel. Il déteste les activités routinières, particulièrement les exercices répétitifs. Il a de la difficulté à choisir un sujet de travail et retarde souvent ce choix. Il est désorganisé et n'arrive pas à remettre ses travaux à temps. Rêveur, la plupart du temps, il n'aime pas l'école et se plaint constamment qu'il ne sait pas à quoi sert de faire un travail. Il obtient des mauvais résultats scolaires.

5. Lara connaît déjà une grande partie de la matière qui sera vue durant l'année en cours. Elle se plaint du fait que les autres la traitent de *nerd* et qu'elle n'a pas beaucoup d'amies ou d'amis. L'enseignante constate qu'elle connaît déjà les réponses aux questions avant même que des explications soient fournies. D'ailleurs, elle savait lire avant même son entrée à l'école. Elle dévore les livres, à raison de six ou sept par semaine. Déjà, à sept ans, elle montrait de l'intérêt pour les encyclopédies et pour les livres d'adolescentes.

Résumé

La surdouée ou le surdoué possède certaines caractéristiques que l'on peut regrouper dans différentes catégories. L'élève peut se situer dans plus d'une catégorie. Certaines et certains élèves présentent plusieurs de ces caractéristiques alors que d'autres élèves n'en ont que quelques-unes.

- Aptitudes intellectuelles :
  - capacité d'intégrer une grande quantité de nouvelles informations ;
  - logique puissante ;
  - besoin de peu de répétitions pour comprendre des notions complexes ;
  - forte capacité de raisonnement, d'abstraction et de maîtrise de concepts complexes ;
  - habileté à établir des liens entre des choses qui sont en apparence non reliées.

- Aptitudes scolaires :
  - performance exceptionnelle en lecture ;
  - haut rendement scolaire ;
  - rythme d'apprentissage plus rapide que celui des autres élèves ;
  - excellent vocabulaire ;
  - éloquence ;

- Attitude et traits socioaffectifs :
  - extrême curiosité ;

- fréquemment en situation de questionnement ;
- appréciation des découvertes ;
- ténacité ;
- perfectionnisme (par exemple, l'élève désire faire les choses correctement à son premier essai) ;
- sensibilité marquée (l'élève réagit exagérément à un stimulus et change un rien en un drame) ;
- jugement (l'élève tente de préciser le bien et le mal, la vérité et le mensonge, etc.) ;
- conscience morale développée (l'élève pose de nombreuses questions telles que «Pourquoi font-ils cela ?» ; «Pourquoi agissent-ils ainsi ?») ;
- dynamisme, besoin de toujours faire quelque chose (c'est pourquoi on confond parfois la douance avec l'hyperactivité) ;
- habileté à manipuler les gens ;
- désintéressement rapide dans les activités routinières ;
- perspicacité ;
- intérêt marqué pour certains sujets, particulièrement pour les questions morales relatives à la justice, à l'honneur, à la vérité, etc. ;
- remise en question des règles, des façons de faire, des situations proposées, etc. ;
- préférence à fréquenter des gens plus âgés.

- Créativité :
  - production exceptionnelle en art, en musique ou dans le domaine de l'écriture ;
  - solutions originales à des problèmes donnés ;
  - exploration de l'aspect nouveau des choses ;
  - sensibilité à la beauté ;
  - imagination très fertile ;
  - sens de l'humour très développé ;
  - idées farfelues ;
  - innovation ;
  - point de vue différent de celui des autres ;
  - habileté à jouer avec les mots.

- Leadership :
  - talent d'orateur ;
  - préférence pour le rôle de chef ;
  - participation enthousiaste aux débats ;
  - goût marqué pour la prise de responsabilités ;
  - initiation de projets ;
  - prise d'initiatives.

L'élève montrant des signes de douance

Les principes à respecter

L'enseignante ou l'enseignant doit être sensible aux aspects particuliers de la personnalité de l'élève manifestant des signes de douance. On doit favoriser le développement du potentiel de l'élève tout en s'assurant d'en faire un être équilibré et heureux. Il s'agit là d'une tâche délicate ; les principes suivants devraient aider l'enseignante ou l'enseignant à s'en acquitter.

Traiter l'élève comme les autres élèves

C'est d'abord et avant tout le souci de traiter l'élève comme un être humain à part entière qui doit guider les interventions. Par contre, il est essentiel que l'enseignante ou l'enseignant reconnaisse que le rythme du développement intellectuel de l'élève est plus rapide que le rythme de son développement physique.

Respecter le rythme et la personnalité de l'élève

Les élèves manifestant de la douance n'excellent pas dans tout et peuvent même avoir des difficultés d'apprentissage et des problèmes de comportement. Plusieurs n'aiment pas l'école et ne voient pas l'intérêt de se donner du mal pour faire des choses inutiles. L'élève peut, par exemple, avoir de la difficulté à passer à l'écriture car il s'agit d'une forme d'expression trop lente : ses idées vont beaucoup plus vite que sa plume[3].

Chercher à faire de l'élève un être équilibré et responsable

Il faut porter une attention toute spéciale à l'aspect social. La surdouée ou le surdoué recherchera souvent la présence des adultes ou des élèves des niveaux supérieurs au sien. Au plan du développement social ou affectif, l'élève est vulnérable. Les comportements sociaux des gens plus âgés qu'elle ou que lui peuvent l'influencer négativement, principalement en l'amenant à rejeter certaines valeurs ou en l'éloignant des élèves de son âge. La remise en question des règles sociales, le non-conformisme et le besoin d'originalité engendrent des problèmes personnels et sociaux qui peuvent empêcher l'épanouissement de talents exceptionnels. « Les élèves surdoués ne sont pas seulement de futures bêtes à concours ou des privilégiés de la matière grise. Insatisfaits, incompris, voire culpabilisés, la moitié d'entre eux sont en échec scolaire et souffrent de problèmes de comportement[4]. »

....

3. Thème abordé dans une conférence présentée par le professeur G. Cloutier de l'Université d'Ottawa en février 1996 à l'école secondaire publique De La Salle, à Ottawa. On peut lire le compte rendu de cette rencontre dans Internet : http://www.cyberus.ca/~delasalle/ douanceontario/douance.htm.
4. *Les surdoués du dernier rang*, [En ligne], [http://www.lyoncapitale.fr/anciens/66semai.html], [12 juillet 2000].

L'aspect social est souvent un élément capital à considérer. Le défi est de chercher à faire du futur adulte un être équilibré et responsable.

Créer un environnement propice à l'éclosion des talents de l'élève

Si on ne répond pas aux besoins de l'élève, l'ennui peut s'installer, ce qui la ou le mènera à la sous-performance et même au décrochage[5]. L'élève a besoin d'activités variées. L'enseignement adapté à l'élève surdouée ou surdoué repose sur une observation judicieuse et sur la reconnaissance de ses caractéristiques propres et des besoins qui en découlent. En découvrant ses intérêts particuliers, les sujets qui font l'objet d'une passion, on favorise sa motivation. Si, en plus, on lui permet d'exprimer ses talents et d'exploiter ses habiletés particulières, on jette les bases du développement de son estime de soi, si intimement lié à la réussite.

La surdouée ou le surdoué est un être moral qui a besoin d'épouser une cause, une passion qui mobilise, afin de pouvoir laisser sa trace[6].

Analyser les raisons des échecs ou de la sous-performance de l'élève

Des élèves présentent parfois un travail d'une piètre qualité au regard de leur potentiel. Ce genre de manifestation est souvent rattaché à un manque de motivation. Dans certains cas, l'élève ne voit pas l'utilité de dépenser de l'énergie pour un travail qui ne servira à rien d'autre qu'à satisfaire les aspirations de l'enseignante ou de l'enseignant. Parfois, le sujet étudié ne présente aucun intérêt. À d'autres moments, le défi n'est pas évident. Il est important de donner à l'élève le goût de l'effort, et ce, dès le primaire. On doit également examiner de près ses déficiences au plan des méthodes de travail et d'organisation et tenter d'y remédier. Enfin, selon Philippe Merrieu[7], il faut prendre le temps de créer un déséquilibre cognitif et de semer le doute. Il faut inciter la ou le jeune à explorer, à chercher et à relever des défis. Par conséquent, selon ce chercheur, il faut poser des questions fortes qui incitent à l'action. Présentement, l'école répond à des questions que l'élève ne se pose pas. L'école ne répond pas aux questions que l'élève se pose. Ainsi, l'élève n'arrive pas à trouver un sens à ce qui se passe à l'école.

Avec l'élève dont les performances sont en deçà des attentes, les expériences d'apprentissage, le choix des thèmes, la réalisation de projets et la façon d'aborder les problèmes feront toute la différence.

••••••••••••••••••

5. *Ibid.*
6. *Ibid.*
7. Philippe Merrieu, *Comment les écoles construisent les difficultés des enfants*, conférence prononcée au congrès de l'Association québécoise pour les troubles d'apprentissage, mars 1998.

L'élève montrant des signes de douance

Viser l'interdisciplinarité

Selon Tardif[8], l'école favorise le développement de certains problèmes d'apprentissage. Elle divise les élèves en niveaux alors qu'elle devrait les diviser en fonction de leurs besoins. L'horaire est divisé en disciplines : on lit (français), jusqu'à la récréation, puis on fait des mathématiques (même s'il faut lire, on ne fait plus de la lecture) ; on passe ensuite aux sciences (même si on doit lire, calculer et faire des graphiques, on ne fait plus de mathématiques ni de français). De plus, à l'intérieur de chaque discipline, tout est morcelé : par exemple, on présente un texte informatif à la première étape, un texte incitatif à la deuxième, et ainsi de suite. Tardif soutient que cette façon de faire ne favorise pas le développement des compétences. En effet, l'élève n'a pas accès au sens avant des mois, voire des années. L'intégration des matières permet de rendre les activités scolaires porteuses de sens.

Selon Philippe Merrieu[9], certaines des matières enseignées apparaissent vides de sens à beaucoup de jeunes, qui ne comprennent pas qu'on doive les apprendre. Dans un tel contexte, l'élève en vient à vouloir fournir le moins d'efforts possible pour obtenir le meilleur résultat possible.

On doit plutôt rapprocher l'école du monde qui l'entoure et proposer des situations authentiques d'apprentissage à l'élève. Ce n'est que par l'interdisciplinarité et des situations basées sur des expériences de vie réelles qu'on soulève l'enthousiasme, qu'on stimule la motivation et qu'on crée un contexte propice aux apprentissages. En fait, tout ce qui est enseigné à l'école devrait servir à quelque chose, et notamment à comprendre des éléments qui existent réellement. C'est par l'utilisation d'éléments complexes tirés de la vraie vie qu'on crée des situations d'apprentissage mobilisatrices.

Aborder et approfondir un sujet en posant de vraies questions et en proposant aux élèves de vrais destinataires pour leurs travaux

« Les élèves possèdent une inclination naturelle à apprendre et poursuivent d'eux-mêmes les objectifs d'apprentissage qu'ils jugent pertinents. Dans un environnement qui tient compte de leurs acquis, relie les nouveaux apprentissages à leurs objectifs et favorise leur engagement dans leur propre processus d'apprentissage, ils sont capables d'assumer pleinement la responsabilité de ce processus — c'est-à-dire d'en superviser l'orientation, de vérifier où en est leur compréhension et de devenir des apprenants autonomes et actifs[10]. »

....

8. Jacques Tardif, *Comment les écoles construisent les difficultés des enfants*, conférence prononcée lors du congrès de l'Association québécoise des enfants en difficulté d'apprentissage, mars 1998.

9. Voir note 7.

10. Association américaine de psychologie, groupe de travail du président sur la psychologie et l'éducation, *Une collaboration de l'Association américaine de psychologie et du Laboratoire régional sur l'éducation du centre des États-Unis*, janvier 1993.

Il importe de choisir des situations authentiques d'apprentissage pour que l'élève perçoive que les événements en cours peuvent être modifiés par les décisions qu'elle ou qu'il prend et par les gestes qu'elle ou qu'il fait.

Par-dessus tout, on doit soutenir la curiosité intellectuelle et le développement de l'esprit de recherche en encourageant l'élève à suggérer des sujets et des projets qui l'intéressent. Ainsi, on peut connaître les problèmes réels qui la ou le préoccupent et l'inciter à leur trouver des solutions concrètes et logiques.

Insister sur la qualité du travail plutôt que sur sa quantité

Plusieurs enseignantes et enseignants pensent que c'est par le nombre de questions ou par la longueur d'un travail que l'on répond aux besoins de l'élève surdouée ou surdoué. Il n'en est rien. L'élève, rappelons-le, a besoin qu'on fasse appel aux habiletés supérieures de sa pensée; ce n'est donc pas en lui faisant faire plus d'exercices répétitifs qu'on comble ce besoin. Enfin, la qualité du travail doit primer sur la quantité exigée, sinon l'élève en vient à croire que le fait d'être perçue ou perçu comme douée ou doué lui cause de graves inconvénients, en particulier celui de devoir produire du travail inutilement. Il s'ensuit alors que l'élève ressent un profond sentiment d'injustice.

Bien renseigner les parents

Les parents qui apprennent que leur enfant est surdouée ou surdoué, ne savent pas, bien souvent, de quoi il est question et ce qui la ou le caractérise. Que peuvent-ils faire pour assurer son épanouissement? Une relation de confiance devra être établie entre les parents et l'enseignante ou l'enseignant, relation qui comprendra un partage des moyens pouvant permettre à l'élève de pleinement développer son potentiel. Par ailleurs, un réseau d'échanges comme on en retrouve dans Internet peut s'avérer très profitable pour tous les intervenants et aider à combattre l'isolement que l'on ressent parfois quand des questions restent sans réponses.

Enfin, le principe suivant devrait servir de guide dans l'élaboration d'un enseignement pour les élèves surdouées et surdoués: encourager les élèves surdouées et surdoués à devenir, au sein de la société, des êtres dynamiques, indépendants, créatifs et productifs capables d'agir avec compétence, intégrité et bonheur[11].

....

11. Ministère de l'Éducation et de la Formation de l'Ontario, *op. cit.*

Des pistes de solutions

L'enseignante ou l'enseignant trouvera dans la présente section des pistes pour aider l'élève qui montre des signes de douance. Les cas analysés se rapportent aux exemples présentés dans la section « La manifestation des signes de douances », à la page 152.

L'élève qui pose beaucoup de questions et qui fait preuve de leadership (Joëlle)

On doit permettre à cette élève de satisfaire sa curiosité intellectuelle. Il faut donc:

- offrir à l'élève la possibilité de faire un travail d'envergure sur le sujet étudié;
- respecter le besoin de savoir de l'élève en canalisant ses efforts vers les ressources appropriées;
- étudier des questions, des problèmes et des thèmes variés portant sur des sujets de l'heure;
- offrir des activités où l'élève peut exercer un choix.

Cette élève a aussi besoin d'exercer son leadership. Il faut donc:

- offrir à l'élève la possibilité de développer de grands projets: monter une pièce de théâtre, organiser un spectacle, participer à des foires scientifiques, etc.;
- créer un partenariat avec la communauté pour exploiter différentes ressources du milieu (par exemple, musées, entreprises privées, résidences pour personnes âgées).

L'élève qui se préoccupe de sujets suscitant de profondes réflexions et qui a de la difficulté à se faire des amis (Steven)

Cet élève a besoin de traiter en profondeur les sujets qu'il étudie. Il faut donc:

- laisser à l'élève le temps de bien développer un sujet en lui donnant, par exemple, une marge de manœuvre en ce qui a trait à l'échéancier;
- offrir une certaine latitude à l'élève quant aux sujets traités (qui dépasseront, dans bien des cas, les intérêts des élèves de son âge);
- fournir à l'élève des occasions de se regrouper avec des jeunes qui pensent de la même façon que lui (par exemple, avec d'autres élèves surdoués) afin qu'il puisse échanger avec eux ou élaborer en leur compagnie des projets relatifs à des sujets qui le passionnent;
- donner à l'élève la possibilité de travailler sur des projets concrets qui portent sur des problèmes réels et leurs conséquences (l'environnement, la conquête de l'espace, le libre échange, etc.);
- responsabiliser l'élève dans des projets qui le valorisent.

Cet élève a aussi besoin de développer ses relations sociales. Il faut donc :

- aborder le problème durant une séance du conseil de coopération[12] ;
- placer l'élève dans des situations qui facilitent la communication avec les autres (le travail en dyade, par exemple) ;
- mettre en valeur les forces de l'élève dans les projets d'équipe ;
- favoriser la collaboration plutôt que l'isolement en mettant en place des situations stimulant l'interdépendance positive et l'écoute active, grâce à l'approche coopérative[13]. L'habileté à coopérer sera des plus précieuses lorsque l'élève arrivera sur le marché du travail ;
- donner à l'élève la possibilité de jouer un rôle actif au sein de l'équipe où il se sent le plus à l'aise.

L'élève qui discute la moindre décision et qui remet en question les règlements (Xavier)

On doit chercher à valoriser cet élève. Il faut donc :

- trouver les forces de l'élève et les mettre en évidence ;
- encourager l'élève à utiliser ses compétences de manière constructive (sa perspicacité peut être exploitée, par exemple, pour défendre un point de vue durant un débat) ;

Il faut aussi amener l'élève à développer ses habiletés sociales. On doit donc :

- mettre en place des activités exploitant l'approche coopérative où l'élève apprend à respecter l'opinion des autres et à émettre ses opinions de façon appropriée ;
- valoriser la courtoisie et la considération à l'égard des autres élèves ;
- amener l'élève à changer ses attitudes en lui demandant de se fixer des objectifs réalistes et en le tenant responsable de son comportement ;
- définir clairement les règles à suivre et prévoir des conséquences logiques en cas de manquements à ces règles ;
- amener l'élève à reconnaître la valeur de la contribution des autres et à respecter leurs sentiments ;
- enseigner à l'élève les comportements souhaitables et les façons positives de s'exprimer par des jeux de rôle, par exemple ;
- gratifier l'élève lorsqu'il communique de façon appropriée.

....

12. Voir à ce sujet l'encadré 4.1, à la page 125.
13. L'approche coopérative est décrite dans la section « L'approche coopérative » du chapitre 7.

L'élève montrant des signes de douance

L'élève surdoué sous-performant (Christopher)

L'humour reste, en dépit de tous les drames, une des caractéristiques des élèves doués, et, même dans la pire des situations, ils conservent encore ce recours, souvent comme le seul fil de lumière qui les empêche de sombrer dans un noir désespoir[14].

L'élève surdoué qui n'offre pas les performances attendues a besoin de gratification et de reconnaissance sociale. Il faut donc :

- organiser des activités permettant d'apprécier et d'exploiter le sens de l'humour de l'élève (ligue d'improvisation, bandes dessinées, affiches illustrant des citations, etc.) ;
- mettre en œuvre des moyens qui permettent à l'élève de développer une image positive de lui-même, par exemple la diffusion d'un projet que l'élève a réalisé ou la mise en évidence d'une solution originale qu'il a apportée à un problème de l'heure ;
- offrir à l'élève des occasions de mettre à profit ses talents d'acteur ;
- éliminer la compétition et favoriser plutôt une atmosphère de coopération ;
- tenir compte de l'opinion de l'élève ;
- offrir des choix à l'élève.

Il a aussi besoin de défis. Il faut donc :

- créer des expériences qui permettent d'exploiter les habiletés supérieures de la pensée (analyser, évaluer, synthétiser, critiquer, etc.) ;
- amener l'élève à manipuler les faits et les concepts, à établir des liens et à formuler des énoncés théoriques ;
- utiliser des méthodes qui correspondent aux styles cognitifs de l'élève[15].

Cet élève a aussi besoin d'exprimer sa créativité. Il faut donc :

- inviter l'élève à trouver plusieurs solutions à un problème ;
- inciter l'élève à exploiter ses connaissances dans des situations nouvelles ;
- amener l'élève à créer des problèmes permettant de démontrer l'application des concepts étudiés ;
- encourager l'élève à trouver des moyens originaux de présenter des projets ;
- permettre la remise en question des idées existantes ;
- favoriser l'expression d'idées originales ;
- privilégier la découverte de solutions nouvelles ;

....

14. A. Adda, thème abordé au cours du congrès de l'AFEP du 30 mars 1996.
15. Voir « Les approches qui respectent la diversité des intelligences » dans le chapitre 7.

- utiliser des approches favorisant l'exploitation de tâches ouvertes et insister sur le fait qu'il n'y a pas de mauvaises réponses à un problème ;

- donner à l'élève la possibilité d'exprimer un point de vue divergent sur un sujet donné par des questions telles que « Qu'est-ce qu'une personne qui aurait une opinion différente répondrait ? » ;

- inciter l'élève à innover en lui présentant des modèles de réussite (Bell, Disney, Newton, Einstein, etc.) ;

- ne pas se limiter aux méthodes que l'on connaît présentement ; amener l'élève à aller plus loin, à dépasser le cadre du connu.

Le travail que l'on demande à cet élève de faire doit avoir une signification. Il faut donc :

- illustrer les liens entre les éléments d'apprentissage enseignés en classe et les carrières possibles (souvent l'élève s'interroge sur l'utilité de dépenser de l'énergie à étudier) ;

- trouver des problèmes concrets relatifs aux préoccupations de l'élève et l'inciter à développer des solutions originales pour les régler ;

- mettre en œuvre des moyens qui permettent à l'élève de développer une image positive de lui-même et valoriser son travail en lui fournissant un auditoire ou en s'assurant qu'il a des destinataires réels (l'exploitation d'Internet et des ressources de la communauté peuvent servir à cette fin) ;

- favoriser la pédagogie de projets basée sur des activités authentiques[16] ;

- privilégier l'intégration des matières[17] ;

- établir un lien entre une notion vue à l'école et son utilité dans la vraie vie ;

- inviter des personnes de l'extérieur pour qu'elles expliquent que les concepts appris à l'école trouvent une utilité dans leur travail ;

- permettre à l'élève de vivre des stages en milieu de travail pour qu'il connaisse le marché du travail et qu'il ait un but dans la vie ;

- créer un réseau de communication à l'aide d'Internet, par exemple ;

- offrir à l'élève l'encadrement nécessaire lui permettant de mener à bien ses projets.

Enfin, il arrive que les difficultés d'apprentissage masquent le potentiel de l'élève surdoué. On doit faire preuve de discernement, procéder à une évaluation judicieuse du potentiel de l'élève et faire en sorte qu'il connaisse du succès.

•••••••••••••••••

16. On trouvera dans le chapitre 7 une description de la pédagogie de projets.
17. Voir « L'intégration des matières » dans le chapitre 7.

L'élève qui connaît déjà une grande partie de la matière à l'étude (Lara)

On doit proposer à cette élève de relever un défi dans le cadre du contenu des cours. Il faut donc :

- faire passer à cette élève un test préliminaire pour déterminer les notions qu'elle a acquises antérieurement ;
- éliminer du cours les notions que l'élève maîtrise déjà ;
- mettre l'élève en contact avec des ressources extérieures lui permettant d'aller plus loin dans un domaine (par exemple, avec une ou un chimiste d'un centre de recherche, ou une ou un biologiste du biodôme) ;
- permettre à l'élève de résoudre des problèmes relevant de situations sortant du cadre ordinaire de ses cours ;
- fournir à l'élève la possibilité de participer à des concours où ses connaissances et ses compétences seront mises à l'épreuve.

On doit aussi tenir compte de la capacité de l'élève d'assimiler rapidement de la matière et de maîtriser des processus complexes. Il faut donc :

- éviter les répétitions inutiles et ennuyantes ;
- respecter le rythme de progression de l'élève en diminuant le nombre d'heures qu'elle doit passer à étudier certains sujets ;
- permettre que les heures libérées à cause de la rapidité d'assimilation de l'élève lui servent à choisir des sujets qu'elle désire approfondir ;
- offrir à l'élève la possibilité d'enseigner à une ou à un autre élève les notions qu'elle maîtrise ;
- offrir à l'élève la possibilité de participer à des expériences d'enrichissement à l'école ou dans la communauté.

Comme on l'a mentionné plus tôt, les élèves possédant des aptitudes particulières se sentent souvent différentes ou différents des autres sans comprendre pourquoi et ont de la difficulté à se faire des amies ou des amis. Plusieurs visent un haut rendement scolaire au dépens de leurs relations sociales et s'imaginent que, pour avoir l'estime de leur entourage, elles ou ils doivent être parfaites ou parfaits. Il faut, dans ce cas, les amener à avoir des attentes réalistes tout en les incitant à se dépasser. D'autres portent facilement des jugements moraux sur leurs pairs, acceptent mal que certains de leurs pairs apprennent plus lentement et éprouvent des difficultés à résoudre des problèmes interpersonnels. L'enseignement des habiletés sociales s'avère donc un élément capital. Enfin, plusieurs se sentent incomprises ou incompris et souffrent de solitude.

Certains auteurs soutiennent que, parfois, ces élèves auraient avantage à rencontrer d'autres élèves possédant les mêmes capacités et pensant comme elles ou eux. Ils croient que lorsque ces élèves constatent qu'il y a d'autres élèves dans leur cas, cela les rassure. Elles ou ils comprennent mieux les défis qu'elles ou qu'ils ont à relever.

Toutefois, dans le monde du travail, auquel elles ou ils devront faire face tôt ou tard, les compétences nécessaires au travail en équipe ou liées à l'acceptation et au respect des autres sont de toute première importance. La classe hétérogène représente donc l'image de la société et doit permettre à l'élève de développer ces compétences essentielles.

Internet au service des enfants en difficulté

Bottin de sites favorisant une meilleure compréhension du phénomène de la douance ou une meilleure intervention auprès de l'élève

Sites présentant un défi à l'élève ou facilitant la réalisation de projets

- **Les devinettes** *http ://www.quebectel.com/escale/noel96/devinett.htm*
  Permet de travailler le raisonnement (liens entre les idées).

- **Entente Rescol-AQUOPS-Cyberscol** *http ://cyberscol.qc.ca/*
  Activités novatrices à faire dans Internet auxquelles les élèves peuvent prendre part.

- **Cybergroupe** *http ://cg.CyberScol.qc.ca/cybergroupe/*
  On propose le travail en collaboration. La démarche guide les élèves dans le processus de collaboration et encourage l'utilisation de stratégies cognitives et métacognitives.

- **Console d'écriture** *http ://console.educ.infinit.net*
  Cliquez sur « console d'écriture ». Cliquez sur « citations ».
  Les citations sont regroupées par thèmes (par exemple, animaux domestiques, école, peur, etc.). À utiliser pour raffiner un texte, pour varier le vocabulaire, pour amener l'élève à une pensée plus analogique.

- **Le monde de Galelio et de Mendeleïev** *http ://Mendeleiev.CyberScol.qc.ca/*
  Site se rapportant à la chimie et à la physique au secondaire.

- **La Une des élèves du primaire ; La Une des élèves du secondaire**
  http ://Presse.CyberScol.qc.ca/v5/000127/Accueil.html
  Les élèves peuvent y publier des articles. On y trouve de jeunes auteurs de la France et du Canada.

- **Jeux interactifs dans Internet** *http ://www.cortexte.com/conseils.htm*
  Un beau défi pour mesurer ses connaissances en langue française (jeux linguistiques).

- **Jeu de mémoire** *http ://www.quebectel.com/escale/noel96/jeujava.htm*
  Principalement pour les élèves du primaire. Le jeu comprend 18 cartes dont la face est cachée. Chaque carte a un double dans le jeu. L'élève doit trouver les cartes ayant un dessin semblable afin de former des paires. Favorise le raisonnement.

- **Les problèmes d'Albert** *http ://www.quebectel.com/escale/dinos/math.htm*
  Méthode de résolution de problèmes.

- **Défis** *http ://www.chez.com/guess/prob1.htm*
  De quoi se creuser les méninges…

- **Sentier de la toundra** *http ://www.globetrotter.qc.ca/escale/quebnat/sentie06.htm*
  Pour les passionnées et les passionnés de l'environnement. On y découvre les formes d'adaptation des animaux à leur environnement ; on y parle également de la chaîne alimentaire.

- **C'est un circuit !**   *http ://www.lescale.net/circuits/*
  Pour celles et ceux qui s'intéressent à la physique : circuits électriques et fonctionnement des piles et des ampoules, circuit ouvert et circuit fermé, substance conductrice et substance isolante, montage d'un circuit. De très beaux défis.

- **Les plaques tectoniques**   *http ://www.lescale.net/plaques/*
  En suivant l'explorateur, on découvre la dynamique des phénomènes géologiques : volcans, failles, chaînes de montagnes, séismes, tsunamis.

- **Les machines simples**   *http ://www.lescale.net/machines/*
  Pour celles et ceux qui s'intéressent à la technologie : formes d'engrenage, plan incliné, poulies, levier.

- **Amnistie internationale**   *http ://www.amnistie.qc.ca/*
  Pour les élèves qui s'intéressent aux droits de la personne. Possibilité d'écrire un texte qui vise à faire réagir.

- **Site francophone des drapeaux du monde**   *http ://www.Cyberflag.net*
  On y découvre les différents pays du monde et les particularités de leurs drapeaux.

- **Sur le sentier des arbres**
  http ://www.callisto.si.usherb.ca/~95466631/arguin3.html
  L'élève choisit le thème et l'activité qui l'intéresse. Excellent site pour réaliser des projets portant sur les arbres.

- **Des livres qui cliquent**   *http ://www.ecoles.uneq.qc.ca/*
  Pour connaître les auteures et les auteurs. On a accès à plusieurs activités de lecture et d'écriture.

- **L'encyclopédie qui raconte**   *http ://isis.osiris.com/cyrus/*
  Les enfants posent souvent des questions fort embarrassantes. Ce site répond à plusieurs d'entre elles et propose d'aller un peu plus loin.

- **Les inventeurs**   *http ://www.callisto.si.usherb.ca/~fbreton/epp/tpcarti.html*
  On y découvre des fiches d'activités, des questionnaires, des suggestions d'enrichissement fort intéressantes.

Sites favorisant une meilleure compréhension du phénomène de la douance

- **Les surdoués du dernier rang**   *http ://www.lyoncapitale.fr/anciens//66semai.html*
  Article français qui décrit le comportement d'un élève surdoué.

- **Gifted resources home page**   *http ://www.eskimo.com/~user/kids.html*
  Articles de recherche. Activités exploitant les talents des surdoués.

- **Guide pratique de l'enfant surdoué**   *http ://www.st-kilda.com/douance/index.html*
  Une foule de renseignements utiles pour mieux connaître différents aspects de la douance et les stratégies d'enseignement efficaces.

- **Guide pratique de l'enfant surdoué**
  http ://www.st-kilda.com/douance/eipsynt.htm
  Caractéristique de l'apprentissage de l'élève surdouée ou surdoué.

- **Thématique douance**
  http ://adapt-scol-franco.educ.infinit.net/themes/douance/prdouq4.htm
  Liste des associations relatives à la douance et accessibles dans Internet.

- **The association for bright children**   *http ://www.kanservu.ca/~abc/*
  Ressource pour les jeunes douées ou doués et leur famille.

- **Association des élèves surdoués de C.-B.**
  http ://www.bctf.bc.ca/PSAs/AEGTCCBC/index.html
  Site en anglais (The Association of Educators of Gyfted, Talented and Creative
  Children in BC). On y découvre une foule de renseignements sur la douance et de
  nombreux liens électroniques.

- **California Association for the Gifted**   *http ://www.CAGifted.org/*
  On y traite des besoins spéciaux des élèves douées ou doués et on y propose des
  ressources.

Autoévaluation de l'enseignante ou de l'enseignant

Cochez les affirmations qui correspondent à ce que vous faites pour aider l'élève qui montre des signes de douance.

	Oui	Non
1. Je cherche à développer chez l'élève les habiletés sociales appropriées.	☐	☐
2. Je propose des activités qui font appel aux habiletés supérieures de la pensée.	☐	☐
3. J'encourage le travail d'équipe.	☐	☐
4. J'organise un partenariat avec la communauté afin de permettre à l'élève surdouée ou surdoué de trouver l'expertise dont elle ou il a besoin.	☐	☐
5. Je connais les intérêts de chaque élève.	☐	☐
6. Je m'assure que l'activité présentée est signifiante.	☐	☐
7. Je fournis des occasions à l'élève d'exprimer son leadership.	☐	☐
8. J'encourage l'expression de la créativité.	☐	☐
9. Je modifie le programme de façon à respecter le rythme d'apprentissage de l'élève.	☐	☐
10. Je mets en valeur les forces et les talents de l'élève.	☐	☐

CHAPITRE **6**

La gestion des différentes ressources

eu importe son talent, peu importe ses difficultés, peu importe son niveau scolaire ou son origine ethnique, l'élève possède des habiletés et des compétences qui lui sont propres. Comment peut-on favoriser son épanouissement quand chaque minute est comptée? L'implantation d'un partenariat efficace entre tous les intervenants s'avère essentielle. Tous doivent travailler ensemble pour fournir à l'élève des expériences d'apprentissage à la fois constructives et cohérentes qui lui permettront de développer sa confiance en soi, qui lui donneront le goût d'apprendre et qui formeront une base solide à son développement émotionnel, intellectuel et social.

Depuis plusieurs années, le monde scolaire est sensibilisé aux besoins de l'élève en difficulté et tente d'y répondre le mieux possible. Pour y parvenir, on doit comprendre la situation d'isolement de l'élève et connaître les grandes orientations qui découlent du phénomène d'intégration. Il faut aussi savoir que l'école est dans l'obligation légale de lui fournir des services répondant efficacement à ses besoins. Cependant, il est bien évident que, dans un contexte de compressions budgétaires, cette obligation n'est pas toujours facile à respecter. Ce n'est que par une exploitation judicieuse des ressources du milieu et par une action concertée des différents intervenants que le travail portera fruit.

Un élément capital : la coordination des actions professionnelles

L'élève connaissant des difficultés d'apprentissage travaille tantôt en salle de classe, tantôt avec l'enseignante ou l'enseignant responsable des élèves en difficulté de son école, tantôt avec l'éducatrice ou l'éducateur. Les différents professionnels doivent pouvoir lui fournir l'appui nécessaire en se concertant sur les priorités et l'orientation des actions prises. Chacune et chacun doit être en mesure de faire des suggestions relativement aux méthodes employées et de recommander certains modes de prestation de services. Chacune et chacun peut demander de quelle façon les activités seront modifiées pour tenir compte des besoins de l'élève en difficulté. Par-dessus tout, il doit y avoir un consensus sur l'orientation que doivent prendre les actions. Voici quelques questions que l'on devrait se poser :

- Les attentes sont-elles partagées par tous les intervenants?
- Tous les intervenants connaissent-ils les besoins véritables de l'élève?
- Les membres du personnel accordent-ils plus d'attention à des comportements appropriés qu'à des comportements inappropriés?
- Sont-ils cohérents dans leur façon d'intervenir auprès de l'élève en difficulté?
- Adaptent-ils leurs directives au niveau de compréhension de chaque enfant?

Malheureusement, on ne prend pas toujours le temps de répondre à ces questions, qui sont pourtant vitales si on veut assurer le succès d'un cheminement pédagogique.

La coordination des actions est un élément fondamental de la démarche car elle façonne les conditions du succès ou de l'échec. La contribution personnelle ne portera fruit que si chaque personne concernée connaît ses rôles et ses responsabilités et met à profit ses compétences dans la vision globale que l'équipe s'est donnée. Des actions concertées créent ce mouvement de synergie faisant que le travail pédagogique prend une nouvelle dimension et facilite l'épanouissement de l'élève et celui des personnes responsables de sa progression.

Les intervenants œuvrant auprès de l'élève en difficulté

Plusieurs personnes gravitent autour de l'élève en difficulté. Les principales sont :

- la ou le titulaire ;
- l'enseignante ou l'enseignant responsable des élèves en difficulté ;
- l'éducatrice ou l'éducateur ;
- la personne bénévole ;
- l'élève tutrice ou tuteur ;
- les autres professionnels ;
- les autres enseignantes et enseignants de l'école ;
- la direction de l'école ;
- les parents ;
- les autres élèves de la classe ;
- le personnel de soutien.

La ou le titulaire

Il s'agit de la première personne responsable de l'élève en difficulté à l'école. Elle doit s'assurer que l'élève sente qu'elle ou qu'il est un membre à part entière du groupe, au même titre que les autres élèves. C'est la ou le titulaire qui amorce le processus d'intervention après avoir perçu un problème dans le comportement de l'élève. Son rôle est donc fondamental dans la concertation des actions.

L'enseignante ou l'enseignant responsable des élèves en difficulté

Dans certaines écoles, on parlera d'orthopédagogue ou d'enseignante ou d'enseignant-ressource pour désigner la personne qui a la responsabilité des élèves en difficulté.

Voici quelques éléments caractéristiques de son travail.

- L'enseignante ou l'enseignant responsable des élèves en difficulté n'a pas la charge d'une classe comme la ou le titulaire ; elle ou il s'occupe des élèves de plusieurs titulaires.

- Elle ou il œuvre principalement auprès d'élèves présentant des difficultés scolaires.

- Les élèves en difficulté qui lui sont confiées ou confiés sont sous la responsabilité première de la ou du titulaire de classe. Toutefois, l'enseignante ou l'enseignant responsable des élèves en difficulté a un rôle important à jouer dans l'encadrement du travail effectué en classe régulière et dans la progression de l'élève.

- Elle ou il travaille en étroite collaboration avec les éducatrices et les éducateurs œuvrant auprès des élèves en difficulté.

- Cette personne est responsable de la production de plusieurs documents officiels, notamment du plan d'enseignement individualisé (PEI) et d'autres rapports professionnels (évaluations pédagogiques).

La réalité de l'enseignante ou de l'enseignant-ressource est donc très différente de celle de la ou du titulaire. Plusieurs de ses gestes ont des retombées légales. C'est souvent sur ses épaules que repose le dossier de l'élève en difficulté. Bien que l'élève soit sous la responsabilité légale de la direction de l'école, cette responsabilité incombe généralement, dans les faits, à l'enseignante ou à l'enseignant-ressource, véritable pilier dans la démarche d'intervention. L'encadré 6.1 énumère une liste de stratégies à employer pour favoriser une bonne coordination entre les actions de la personne responsable des élèves en difficulté et celles de la ou du titulaire.

L'éducatrice ou l'éducateur

Dans les salles de classe, l'éducatrice ou l'éducateur joue un rôle de premier plan dans l'aide offerte aux élèves en difficulté. Les compressions budgétaires, toutefois, font en sorte qu'on ne peut pas toujours compter sur un tel soutien. Cependant, si cette ressource est présente dans l'école, la concertation des actions est primordiale.

La personne bénévole

Le fait que les écoles doivent faire plus avec moins de ressources financières mène vers le recrutement de personnes désirant œuvrer auprès des élèves de façon bénévole. Pour que leur action soit profitable, il faut cependant

Stratégies pour faciliter la coordination des actions envers l'élève en difficulté

 La ou le titulaire doit:

- lire le dossier scolaire de l'élève en difficulté;
- fournir le plan de travail de la semaine à la personne responsable des élèves en difficulté qui enseigne à son élève;
- rencontrer régulièrement l'enseignante ou l'enseignant responsable du dossier des élèves en difficulté de l'école;
- discuter des comportements préoccupants notés chez l'élève;
- renseigner la personne responsable des élèves en difficulté sur l'évolution pédagogique remarquée chez l'élève;
- démontrer son intérêt pour une coordination des actions en posant des questions telles que:
  - Quels sont les moyens utilisés en classe-ressource?
  - Quelles sont les attentes modifiées quant au rendement de l'élève?
  - Comment peut-on favoriser la progression de l'élève au sein de la classe?
  - Y a-t-il des documents de travail dont il serait utile de prendre connaissance?
- faire un résumé de chaque rencontre;
- assurer un suivi aux décisions prises;
- consigner les informations recueillies lors des entrevues avec l'élève et garder des échantillons de ses travaux; ces éléments seront d'une grande utilité pour rédiger le bulletin et pour prendre des décisions éclairées au cours des rencontres futures.

que l'enseignante ou l'enseignant soit en mesure de leur offrir l'encadrement nécessaire. Voici quelques stratégies qui peuvent faciliter l'intégration de ces personnes:

- Demander à la personne responsable du secrétariat de l'école d'organiser le recrutement des personnes bénévoles. La publicité, les entrevues, la sélection des individus et la formation générale quant au fonctionnement de l'école peuvent être assumées par le bureau central de l'école. De cette façon, la ou le titulaire n'a pas à se soucier de la logistique et peut se concentrer sur les approches pédagogiques à privilégier.

- Offrir un encadrement à la personne bénévole. Une reliure à anneaux contenant des feuilles où sont indiquées les activités à faire avec l'élève évitera que la personne bénévole interrompe une leçon parce qu'elle ne sait plus ce qu'elle doit faire. Une rencontre de sensibilisation permettra de préciser les attentes entretenues et les approches à utiliser. Une évaluation des résultats obtenus permettra d'apporter les ajustements nécessaires, ce qui donnera à la personne bénévole une plus grande assurance et une plus grande compétence. Il peut s'avérer avantageux que la personne bénévole ait son petit coin bien à elle pour faire son travail. On doit toujours garder en tête, cependant, que la ou le titulaire a la responsabilité première de l'élève et que toute action pédagogique est faite en son nom. Elle ou il doit donc assurer l'entière supervision du travail de la personne bénévole.

L'élève tutrice ou tuteur

Des élèves de la classe peuvent aider l'élève en difficulté, tout comme des élèves d'une classe de niveau supérieur peuvent offrir leur soutien sur une base régulière. Par ailleurs, chez certains élèves, le fait de venir en aide à des élèves d'une autre classe ou de faire valoir leurs compétences fera plus que n'importe quel programme de valorisation. Des élèves en difficulté d'une classe mériteront la confiance d'une personne dans une autre classe en offrant, par exemple, leur aide dans le domaine de l'informatique à des élèves plus jeunes, et ce genre de situation les amènera à vivre de nouveaux succès.

Dans certaines écoles, les titulaires peuvent bénéficier de l'aide d'une monitrice ou d'un moniteur de langue (étudiante ou étudiant de niveau postsecondaire qui reçoit une subvention pour intervenir auprès des élèves), ou d'une étudiante ou d'un étudiant d'un programme Coop[1]. Une organisation des activités, une formation et un suivi s'imposent pour rentabiliser le temps passé auprès des élèves en difficulté et pour que les actions portent fruit.

Les autres professionnels

L'enseignante ou l'enseignant titulaire doit collaborer étroitement avec certaines ressources extérieures (travailleurs sociaux, orthopédagogues, orthophonistes, etc.). Des renseignements tirés des évaluations professionnelles sont notés dans le dossier de l'élève et doivent faire l'objet d'une lecture attentive afin que soient ajustées les interventions de ce type.

Les autres enseignantes et enseignants de l'école

L'élève a l'occasion de recevoir de l'enseignement de plusieurs personnes au cours d'une semaine et, parfois, au cours d'une journée (durant les périodes d'éducation physique, d'anglais ou de bibliothèque, par exemple). En solli-

....

1. Système qui permet à des élèves du secondaire d'obtenir des crédits pour leur participation dans un milieu de travail.

citant la coopération du personnel enseignant de l'école, on mise sur une force indéniable pouvant faciliter l'intégration de l'élève en difficulté.

On peut également trouver des idées pour enrichir le programme de l'élève en observant attentivement les forces des enseignantes et des enseignants de son école. Cette attitude conduit souvent à la découverte de trésors inestimables. L'ouverture d'esprit et la sensibilité de la plupart des enseignantes et des enseignants les rendent réceptives et réceptifs à une collaboration entière. Souvent, on craint, en sollicitant l'aide ou la coopération d'une consœur ou d'un confrère, de créer une perception négative de ses compétences, mais il en est souvent autrement. Il faut plutôt penser que les élèves d'une classe trouveront une chance inespérée de mettre à profit leurs talents grâce à cette coopération.

La direction de l'école

Le fait qu'une ou qu'un élève utilise un baladeur à l'école peut être un manquement au code de vie de l'école. Cependant, si on explique à l'avance que cette disposition est nécessaire à l'élève pour écouter les questions d'un test qu'elle ou qu'il ne peut lire, on favorise l'acceptation d'une dérogation au règlement. Autoriser l'élève à se promener dans le corridor lorsqu'elle ou lorsqu'il sent monter la colère constitue, à bien des endroits, une entorse à la règle qui veut que les élèves soient en tout temps accompagnées ou accompagnés par l'enseignante ou l'enseignant. Un règlement stipulant que les élèves ne doivent pas circuler dans les corridors sans surveillance pendant les heures de classe restreint également les moyens innovateurs et les ressources à sa disposition.

Il est bon d'informer la personne à la direction du bien-fondé de sa démarche. Ainsi, si la personne à la direction est prévenue qu'une ou qu'un élève ira faire la lecture, tous les matins, à des élèves de maternelle et que cette initiative fait partie de son programme pour développer ses compétences en lecture, elle comprendra que cette action n'enfreint pas le règlement de l'école. Il ne faut pas perdre de vue les besoins de l'élève et les buts visés par une telle initiative.

Les parents

Les parents ont un rôle de premier plan à jouer dans l'évolution pédagogique de leur enfant. Leur façon de voir les choses, leur sentiment à l'égard de l'école, la cohérence de leurs actions au regard de celles menées en salle de classe, leur volonté de collaborer sont autant de facteurs qui influent grandement sur l'évolution de l'élève. De plus, les parents offrant un appui pédagogique constituent une richesse incroyable qui engendre souvent chez le personnel enseignant une motivation à se dépasser professionnellement.

Les autres élèves de la classe

Le succès d'un programme passe par la compréhension qu'en ont les élèves de la classe. La confiance en soi, la valorisation, le succès, le sentiment d'acceptation par les autres constituent des composantes essentielles à une saine image de soi. L'élève en difficulté se trouve souvent dans une situation où les autres ne l'acceptent pas, ne comprennent pas les motifs des modifications apportées à son programme et, surtout, mettent en évidence ses différences. Les jeunes font parfois preuve d'intolérance et, plus d'une fois, l'intervention de la ou du titulaire se révèle cruciale pour rétablir les faits après une agression brutale, voire délibérément méchante des autres élèves à l'endroit de l'élève en difficulté. Cette situation peut facilement survenir si aucune action n'est entreprise pour bien renseigner les élèves et pour développer chez elles ou chez eux une attitude bienveillante empreinte de compassion envers les autres. Par-dessus tout, il faut bien leur faire comprendre que chacune et chacun a ses forces et ses défis à relever, que chacune et chacun a des talents particuliers, et que c'est ce qui fait la force de la classe, et que c'est en s'entraidant qu'on arrive à de grandes choses.

Le personnel de soutien

La complicité entre les membres du personnel d'une école résultera en un lien solide qui favorisera l'émergence de solutions innovatrices pour répondre aux besoins de l'élève en difficulté. Voici des exemples de situations où le personnel de soutien prouve qu'il fait partie intégrante du processus éducatif de l'élève.

La ou le secrétaire :

- écoute avec sollicitude un poème qui lui est adressé durant la semaine des secrétaires ;

- se charge d'envoyer à la mère ou au père d'une ou d'un élève la télécopie de l'élaboration d'un projet spécial auquel son enfant participe, pour lui faire une surprise ;

- encourage la participation active à des activités signifiantes telles que la prise en charge des appels à l'école sur l'heure du dîner ;

- permet à un groupe d'élèves de s'occuper de la réception de l'école pendant les pauses ;

- accepte d'avoir la compagnie des élèves qui s'occupent de la diffusion d'une émission de la radio étudiante ;

- encourage une ou un élève qui lui montre ses progrès en lecture ou en écriture ;

- félicite une ou un élève pour l'amélioration dans son comportement, pour son sens de leadership, etc., au cours d'une rencontres spontanée.

La ou le concierge :

- permet à l'élève, comme récompense à un comportement approprié, de prendre des responsabilités telles que celle d'aider à verrouiller les portes.

À cause du nombre d'intervenants œuvrant auprès de l'élève en difficulté, un point demeure crucial : coordonner et gérer efficacement les actions. Les préjugés, les attentes trop élevées, les approches pédagogiques inappropriées, les activités ne suscitant pas la motivation ou ne correspondant pas au potentiel de l'élève risquent de compromettre sérieusement la démarche pédagogique entreprise et, dans certains cas, de provoquer un affrontement.

L'intégration suppose l'innovation, car tout reste à créer dans ce domaine. Dans nos écoles, nous ne sommes qu'à l'aube de ce que peut devenir véritablement l'intégration. N'ayons donc pas peur d'être créatives et créatifs et d'unir nos efforts.

Quelques moyens facilitant la concertation

Favoriser la communication entre les intervenants

Il n'est pas rare de voir l'élève travailler avec une ou un intervenant sur un sujet qui est sans rapport avec ce qui se passe en classe. Une communication efficace entre la ou le titulaire et l'intervenante ou l'intervenant pourrait grandement améliorer cet aspect des choses et faire en sorte que les efforts de l'élève et ceux des autres élèves convergent vers un même point (feuille reproductible 6.1, section a). L'élève qui rencontre plusieurs enseignantes ou enseignants au cours de la journée ou de la semaine doit faire l'objet d'interventions concertées. Une feuille de coordination (feuille reproductible 6.2) peut être remplie par tous les intervenants. Cette feuille permettra de détecter les problèmes, de se questionner sur leur source et servira à encadrer convenablement l'élève.

Communiquer ses préoccupations

Avec les horaires chargés et le cumul des tâches scolaires, il devient parfois difficile de fixer un moment de rencontre avec les différents intervenants qui gravitent autour de l'élève. Pourtant, l'échange d'informations est essentiel pour qu'il y ait une concertation des efforts. Un message écrit (feuille reproductible 6.1, sections b et c) permet de joindre rapidement la personne que l'on désire rencontrer. Si l'urgence de la situation nécessite qu'une intervenante ou qu'un intervenant prenne connaissance d'un élément particulier, inutile d'attendre des jours pour le lui communiquer de vive voix : une note placée dans son casier permettra de la ou de le renseigner rapidement.

Solliciter une rencontre de l'équipe-école

Parfois, le problème vécu avec l'élève dépasse les compétences de l'enseignante ou de l'enseignant. Les ressources et les moyens qu'il faut utiliser ne sont pas, dans ce cas, faciles à déterminer. Il peut alors s'avérer utile d'organiser une rencontre de l'équipe-école, constituée de la personne à la direction, de la personne responsable des élèves en difficulté de l'école, de la ou du titulaire de classe et de tout autre professionnel œuvrant auprès de l'élève. Une note adressée au personnel de direction permet d'amorcer ce processus qui dépasse le cadre de la classe (feuille reproductible 6.3).

Noter l'essentiel des communications et des réunions

Faire un résumé d'une rencontre et en remettre une copie à chacune des personnes œuvrant auprès de l'élève en difficulté permettront de se référer aux éléments discutés en groupe et aux décisions prises d'un commun accord. On trouvera un exemple de ce genre de compte rendu dans l'encadré 6.2 et un modèle de compte rendu dans la feuille reproductible 6.4.

Ce compte rendu peut également servir au rappel du suivi à apporter à la suite de la rencontre ainsi qu'à réajuster la perception des intervenants quant aux rôles et aux responsabilités de chacun.

Jouer un rôle de premier plan durant la réunion du Comité d'identification, de placement et de révision (CIPR)

Durant la réunion du Comité d'identification, de placement et de révision (CIPR), la ou le titulaire a un rôle capital à jouer. Sa perception de l'évolution de l'élève et son opinion sur la démarche qui devrait être entreprise ont un poids considérable. La portée de ses paroles et de ses gestes aura des répercussions sur l'avenir de l'élève.

Une bonne préparation avant une réunion du CIPR est de toute première importance. La ou le titulaire doit faire preuve d'une excellente connaissance du dossier scolaire. On peut, par exemple, en lisant ce dossier, en faire un bref résumé permettant de visualiser le cheminement parcouru par l'élève à ce jour. L'encadré 6.3 présente un exemple de résumé permettant de retracer l'histoire scolaire d'un élève.

La ou le titulaire doit également montrer son engagement envers l'élève et ses compétences sur le plan de la modification de programme. Enfin, ses actions visant la progression scolaire et sociale de l'élève doivent transparaître à travers ses paroles et ses initiatives. Un aide-mémoire (feuille reproductible 6.5) peut grandement aider l'enseignante ou l'enseignant à réunir

Compte rendu

Nom de l'élève :   Réjane Lapensée
Date de la rencontre : 23 janvier 1999

Personnes présentes :
Madame Anne Lemieux, directrice
Madame Thérèse Lagacé, titulaire
Madame Martine Paquet, enseignante-ressource

Éléments discutés :
• L'évolution de Réjane dans la salle de classe.
• Les difficultés vécues.

Résumé de la rencontre :
Réjane ne reçoit plus d'aide de l'enseignante-ressource depuis plusieurs mois. Bien que l'enseignante titulaire modifie les attentes, Réjane éprouve des difficultés, particulièrement dans le domaine de l'écriture. Ses résultats sont très faibles. De plus, Réjane dit qu'elle n'a pas toujours le temps à la maison de faire le travail demandé. Afin de l'aider, on lui a permis de faire certains devoirs en classe. L'enseignante lui fournit de l'aide supplémentaire.

Réjane démontre certaines habiletés manuelles que l'enseignante s'efforce de valoriser. On remarque également, depuis quelque temps, une plus grande participation de Réjane dans les discussions de classe.

Suivi à apporter :
Réjane est une élève qui éprouve des difficultés d'apprentissage. Nous recommandons qu'elle soit placée en classe régulière avec attentes modifiées et qu'elle reçoive de l'aide de l'éducatrice. On pourra, au cours de la réunion du Comité d'identification, de placement et de révision (CIPR), aborder l'idée d'un appui soutenu de l'enseignante-ressource.

les éléments indispensables à cette réunion, qui sera capitale pour l'orientation de la prestation de services à l'élève.

Participer activement à la rédaction du plan d'enseignement individualisé (PEI)

La direction de l'école doit veiller à ce qu'un plan d'enseignement individualisé (PEI) soit préparé pour chaque élève identifiée ou identifié comme étant en difficulté par un comité d'identification, de placement et de révision (CIPR). Ce plan est plus qu'un simple formulaire administratif, car son élaboration permet d'orienter les interventions, de déterminer des objectifs précis et de développer les moyens pour les atteindre. L'intention

Histoire scolaire

Nom de l'élève : Shawn White
Date : 6 septembre 2000

Jardin
(1993-94)
École Sainte-Croix
La langue de communication est principalement l'anglais. Sur le bulletin, on mentionne que Shawn progresse dans son apprentissage du français.

1re année
(1994-95)
École Jeanne-Lemieux
Sur le bulletin, on mentionne que Shawn travaille lentement. On l'encourage à lire pendant l'été.

2e année
(1995-96)
École Jeanne-Lemieux
Shawn est identifié comme étant un élève en difficulté d'apprentissage en mai 1996.
Programme adapté moins de 50 % du temps.
Modification des attentes en lecture et en écriture.
Shawn reçoit l'aide de l'enseignante-ressource à raison de 5 heures par semaine pour travailler principalement la lecture et l'écriture.

3e année
(1996-97)
École élémentaire publique Charlotte-Lacroix
Shawn est placé en troisième année. On décèle rapidement qu'il n'a pas les habiletés pour suivre le programme. L'équipe-école consulte la psychologue. Après une rencontre avec la mère et à la suite d'une évaluation des besoins de Shawn, la décision est prise de lui fournir un programme adapté. Il reçoit l'aide de l'enseignante-ressource à raison d'environ deux cents minutes par semaine. Malgré un certain progrès, les stratégies de base en lecture et en écriture sont loin d'être maîtrisées. Shawn est suspendu le 4 octobre 1996 pour avoir frappé un autre élève. On procède à une évaluation orthopédagogique et psychologique.

véritable est de permettre à l'élève d'évoluer et de s'épanouir grâce à une sélection judicieuse des moyens pouvant répondre à ses besoins.

Le plan d'enseignement individualisé est également un outil de concertation de premier choix car c'est avant tout un plan écrit. Il permet de cerner les forces et les besoins de l'élève et décrit le programme d'enseignement et les services qui lui seront fournis, en plus de dépeindre ses progrès. Grâce à ce moyen, chaque intervenante ou intervenant est à même de suivre la progression de l'élève et de comprendre l'orientation que l'on privilégie. C'est avant tout un outil indispensable de planification puisqu'on y précise les buts prioritaires des actions pédagogiques, on y spécifie les objectifs visés et on y précise les stratégies à privilégier. Le PEI est un instrument de responsabilisation autant pour l'élève et ses parents que pour les personnes qui, selon le plan, sont chargées d'aider l'élève à atteindre les objectifs qui sont fixés. Le PEI doit être revu périodiquement afin d'en faire la mise à jour en fonction de l'évolution de l'élève et d'ajuster les interventions selon ses besoins.

Voici les éléments essentiels que doit comporter le plan d'enseignement individualisé[2] et quelques exemples permettant de les illustrer.

1. **Points forts et besoins de l'élève**

   On doit indiquer les principales forces de l'élève (talents, habiletés, intérêts) et ses besoins, dont ceux décrits par le CIPR. Exemple :

   Points forts
   Cet élève possède les forces suivantes :
   - talent en informatique ;
   - facilité à communiquer oralement ;
   - curiosité pour le monde animal (questionne beaucoup) ;
   - minutie et ordre ;
   - sens du leadership développé ;
   - beaucoup d'imagination ;
   - habiletés sportives.

   Besoins
   Cet élève a besoin d'un enseignement ou d'un soutien pour :
   - s'organiser ;
   - percevoir l'utilité de l'apprentissage visé ;
   - résoudre des problèmes de mathématiques ;
   - améliorer ses compétences en lecture ;
   - développer des habiletés en résolution de conflits ;
   - respecter les règles sociales ;
   - maîtriser son impulsivité.

2. **Renseignements médicaux pertinents**

   On doit noter les éléments de l'état de santé qui peuvent compromettre l'apprentissage. Exemple :

   Cet élève souffre :
   - du syndrome Gilles-de-la-Tourette ;
   - d'hyperactivité (cet élève prend des médicaments) ;
   - de crises d'épilepsie.

---

2. Ministère de l'Éducation et de la Formation de l'Ontario, *Plan d'enseignement individualisé (PEI) - guide*, Imprimeur de la Reine pour l'Ontario, 1998.

3. **Données des évaluations officielles (standardisées) pertinentes**

On doit inscrire les données pertinentes des différentes évaluations officielles. Exemple :

- 12 décembre 1999 : rapport d'évaluation psychologique
L'élève présente des troubles de comportement accompagnés d'un blocage affectif altérant son jugement social. L'élève montre également des signes d'agitation et un manque d'attention.

- 28 mars 2000 : rapport d'évaluation orthopédagogique
L'élève présente un retard de trois ans sur le plan des compétences en lecture.

4. **Niveau actuel du rendement scolaire de l'élève dans chaque champ d'étude**

On doit préciser le niveau actuel du rendement scolaire de l'élève. Exemple :

- L'élève présente une compétence en lecture du niveau de la 4e année par rapport au curriculum provincial.

5. **Attentes et buts fixés pour l'élève**

Les buts sont fixés en fonction de ce que l'élève peut être en mesure d'accomplir dans un domaine particulier à la fin de l'année scolaire. Ils peuvent correspondre aux attentes des programmes-cadres ou à une version modifiée de celles-ci. Exemple :

Buts

- Atteindre une compétence en lecture du niveau de la 6e année.

- Faire preuve d'autonomie en accomplissant des tâches quotidiennes.

Les attentes décrivent les connaissances et les habiletés que l'élève doit acquérir ou être en mesure de démontrer. Elles peuvent être identiques à celles des programmes-cadres, être modifiées par rapport à celles-ci ou être totalement différentes. Les attentes du PEI peuvent couvrir une période de six à huit semaines ou une période correspondant au temps entre chaque bulletin. Exemple :

Attentes
Cette élève doit :

- déterminer l'idée principale et les idées secondaires d'un texte de 300 mots ;

- mémoriser les tables de multiplication ;

- organiser son texte en utilisant convenablement la ponctuation et les paragraphes.

6. **Modifications au programme (changement dans les attentes du curriculum selon l'année d'étude)**

On doit indiquer les changements apportés au programme. Exemple :

- Le programme de cet élève est modifié 50 % du temps.
- Les matières pour lesquelles le programme est modifié par rapport aux attentes du curriculum de l'Ontario sont le français et les mathématiques.

7. **Type de soutien requis**

On doit préciser le type de soutien qu'exigent les besoins de l'élève. Exemple :

- Éducateur spécialisé durant 3 périodes de 40 minutes par semaine en mathématiques.
- Enseignante-ressource durant 5 périodes de 40 minutes par semaine en français.

8. **Matériel pédagogique nécessaire**

On doit noter le matériel pédagogique particulier nécessaire aux besoins de l'élève. Exemple :

- Système FM pour malentendant.
- Calculatrice.

9. **Adaptations générales en classe**

On doit inscrire les changements à apporter aux stratégies d'enseignement et d'évaluation. Exemple :

- Utiliser des moyens visuels pour aider l'élève à comprendre les concepts enseignés.
- Aménager un coin où l'élève peut travailler de façon individuelle.
- Enseigner de façon à intégrer différentes matières dans un même cours ; utiliser la pédagogie par projet.
- Utiliser des logiciels adaptés aux besoins de l'élève.
- Fournir à l'élève les photocopies des notes de cours.
- Placer l'élève en avant de la classe afin d'éliminer les sources de distraction.

10. **Services à l'élève en difficulté et services connexes**

On doit indiquer les différents services dont l'élève a besoin. Exemple :

- Rencontre entre l'élève et la travailleuse sociale une fois par mois (thérapie de 60 minutes).

11. **Stratégies d'évaluation permettant de réviser les réalisations et les progrès de l'élève**

   On doit noter les différents moyens permettant d'évaluer l'élève. Exemple :

   - Évaluation formative : observation quotidienne, autoévaluation de l'élève.
   - Évaluation sommative à la fin d'une période pour vérifier les acquis de l'élève à l'aide de la production d'un projet ou d'une tâche en écriture.

12. **Mises à jour périodiques**

   Les mises à jour doivent indiquer les dates et les résultats. Exemple :

Attentes du PEI	Adaptation et modifications / Stratégies et ressources	Intervenantes / Intervenants	Date de l'évaluation des progrès
• Mémoriser les tables d'addition de 5 à 7 (10-09-1999)	• Utiliser des logiciels, des cartes éclairs, des comptines. • Construire des tables avec des objets concrets.	• Titulaire. • Éducatrice spécialisée.	17-11-1999 (généralement acquis)

13. **Plan de transition**

   Le plan de transition doit comprendre des activités qui favorisent l'insertion de l'élève dans le marché du travail ou qui orientent l'élève vers des établissements postsecondaires. Exemple :

   - Visite en mars 2000 à la Cité collégiale afin de permettre à l'élève de vérifier la pertinence de ses choix de carrière (responsabilité de la conseillère en orientation).
   - Stage en milieu de travail (Centre de dépannage du Nord) de novembre à décembre 1999 sous la responsabilité de l'enseignante responsable du programme Coop.

   Le plan de transition peut également renseigner les intervenants sur les moyens qui doivent être mis de l'avant afin de permettre le passage d'un niveau à un autre ou d'une école à une autre de façon harmonieuse. Exemple :

   - Une rencontre est prévue à la fin de l'année avec des représentants de l'école secondaire afin de préciser les besoins de l'élève (responsabilité de l'enseignante-ressource).
   - À la fin de la présente année, une rencontre est prévue entre le titulaire actuel, l'enseignante-ressource, l'éducatrice et la titulaire que l'élève aura l'an prochain (responsabilité du titulaire).
   - Cet élève devra pouvoir compter sur l'aide d'une éducatrice ou d'un éducateur pour évoluer au niveau du secondaire (rappel des

concepts) et organiser ses notes de cours (le titulaire veillera à prendre des dispositions en ce sens).

- Étant donné que cet élève écrit très lentement et que cette lenteur le défavorise beaucoup, on suggère que ses enseignants lui fournissent des copies des notes de cours.

Entretenir une communication efficace avec les parents

Afin que les orientations de l'intervention auprès de l'élève soient bien connues de ses parents, il importe que l'enseignante ou l'enseignant leur en fasse part en les invitant à une première rencontre au début de l'année (feuille reproductible 6.6). On doit également les tenir au courant des moyens qui seront mis de l'avant pour aider leur enfant au cours de l'année : le plan d'enseignement personnalisé (PEI) servira, entre autres, à cette fin. On insistera particulièrement pour avoir une rencontre privée avec les parents pour leur expliquer :

- les forces et les défis de l'élève que l'on perçoit en examinant certains échantillons de ses travaux ;
- les stratégies à privilégier ;
- leur éventuelle contribution à la démarche de leur enfant pour favoriser son évolution ;
- les moyens à prendre pour établir un contact régulier.

L'encadré 6.4 présente quelques indications à suivre pour assurer le succès d'une telle rencontre.

Les notes dans l'agenda ou dans le carnet de communication constituent un excellent moyen de tenir les parents au courant de la progression de leur enfant. Les communications téléphoniques permettent également d'établir un contact régulier avec les parents. Précisons toutefois qu'il est souhaitable que la première conversation téléphonique ne serve pas à dépeindre une situation problématique vécue avec l'élève.

La gestion efficace des apprentissages grâce au portfolio

Le but du portfolio

Le portfolio sert à grandir dans une perspective pédagogique. Il permet à l'élève de mesurer le chemin parcouru en lui montrant une image à jour de ses compétences. Il lui offre également la possibilité de développer un sentiment de confiance en ses capacités en lui faisant voir les travaux exécutés au fil des jours. Il constitue un recueil cumulatif des indicateurs du cheminement de l'élève et du progrès accompli graduellement. En fait, le portfolio dépeint ce que l'élève est à un certain moment donné en fonction de ses réalisations, de ses découvertes et de ses aspirations. Il concrétise ses capacités et son potentiel.

Encadré 6.4

Rencontre avec les parents

 Lors de la rencontre avec les parents, l'enseignante ou l'enseignant doit :
- les accueillir et les remercier d'avoir pris la peine de se déplacer ;
- s'assurer qu'ils s'exprimeront sans gêne ni contrainte en leur manifestant une ouverture d'esprit et de l'empathie ;
- les encourager et les féliciter ;
- commencer la rencontre en énumérant les points positifs relevés chez l'élève ;
- mettre en évidence les réussites de l'élève ;
- décrire les besoins de l'élève en s'appuyant sur des faits ;
- chercher à obtenir de l'information qui permettrait de mieux comprendre l'élève ;
- adapter son niveau de communication en utilisant peu de termes techniques et en expliquant certaines notions, si nécessaire ;
- considérer leur point de vue ;
- réduire la part d'inconnu en fournissant les informations pertinentes ;
- déterminer les priorités ;
- demander leur collaboration dans la recherche de solutions ;
- faire des suggestions concrètes ;
- explorer de nouvelles façons de faire ou des solutions novatrices ;
- déterminer les conditions favorisant le succès et être une ou un guide en ce sens ;
- les déculpabiliser dans la recherche de l'impossible et viser des petits succès à leur portée ;
- présenter les ressources sur lesquelles on peut compter ;
- leur offrir de la disponibilité ;
- s'assurer de leur appui dans la mise en œuvre des moyens retenus ;
- vérifier leur compréhension des messages émis en formulant dans d'autres mots ce qui vient d'être dit pour permettre la rectification de certains éléments, si nécessaire ;
- à la fin de la rencontre, faire un court résumé oral des décisions prises ;
- après la rencontre, consigner les éléments importants de la rencontre et de toute communication ultérieure ;
- quelque temps après la rencontre, assurer un suivi par téléphone ou par tout autre moyen de communication.

Le moment choisi pour la rencontre est crucial. Il faut éviter les moments de l'année où il se vit de grands bouleversements ou de grands stress.

Le portfolio montre que l'élève grandit sur le plan pédagogique et inclut :

- une reliure à anneaux ou autre moyen permettant de contenir des activités pédagogiques réalisées par l'élève ;
- une liste de lecture et de commentaires associés ;

- une bande vidéo témoignant d'une réalisation ;
- des photos de projets réalisés (pièce de théâtre, travaux en art, etc.) ;
- des cassettes contenant des échantillons de lecture, des productions chantées, etc.) ;
- des autoévaluations.

Le contenu du portfolio

Comme le peintre qui expose ses plus belles œuvres ou l'architecte qui montre son habileté à concevoir des structures, l'élève construit son portfolio à l'aide de pièces choisies judicieusement. Voici les questions à se poser pour créer un portfolio utile et efficace.

- Qu'est-ce qu'il est nécessaire d'inclure dans le portfolio de l'élève ?
- Quelles sont les pièces de l'élève qui suscitent la réflexion ?
- Est-ce que les pièces choisies sont représentatives du cheminement pédagogique de l'élève ? Pourquoi ?

Il est souhaitable d'inclure également des informations montrant la motivation de l'élève à grandir socialement. On devrait donc trouver dans le portfolio des éléments témoignant de sa participation à des projets spéciaux ou à des comités.

Les avantages du portfolio

Le portfolio permet à l'élève :

- de prendre de l'assurance quant à ses capacités et à ses compétences ;
- de prendre conscience des ressources dont elle ou il a profité et qui pourront être exploitées dans d'autres contextes ;
- de visualiser sa motivation à apprendre et à s'améliorer ;
- d'augmenter sa motivation à poursuivre une carrière ou à développer un plan de carrière judicieusement tracé par les rapprochements qu'elle ou qu'il fait entre ses travaux scolaires basés sur des activités authentiques et la vraie vie ;
- de participer activement aux différentes sphères de la vie scolaire.

Le portfolio sert :

- d'outil de communication entre les différents intervenants scolaires et les parents et à montrer l'engagement de l'élève ;
- à montrer l'engagement de l'élève ;
- à mieux faire connaître l'élève en présentant un portrait global qui reflète les différentes facettes de sa personnalité et en incluant des questionnaires témoignant de ses intérêts ;

- à montrer que l'élève s'est prise ou pris en main en exposant des éléments tels que des aide-mémoire, des grilles d'évaluation et des choix de défis à réaliser.

Le portfolio suscite l'interaction

Un des avantages du portfolio est qu'il favorise les échanges entre collègues ou entre les intervenants et les parents en servant de support de communication. Par les commentaires des différents intervenants qu'il contient sur les activités qui ont bien fonctionné, sur les éléments du curriculum qui sont maîtrisés ou sur lesquels il faut travailler et sur la situation de l'élève dans le continuum du développement des compétences, le portfolio permet à l'enseignante ou à l'enseignant d'enrichir sa connaissance de l'élève et facilite le partage d'idées.

Le portfolio constitue un outil d'évaluation

L'enseignante ou l'enseignant peut utiliser le portfolio pour se questionner sur l'évolution pédagogique de l'élève à un moment précis. À l'aide du portfolio, l'élève peut, pour sa part, illustrer de façon éloquente ses capacités dans certains domaines et visualiser ses lacunes dans d'autres. Elle ou il est aussi en mesure de se donner des défis réalistes basés sur une constatation de la situation. Le portfolio permet aux intervenants de jeter un regard objectif sur la performance de l'élève, de capitaliser sur ses forces et de lui fixer de nouveaux défis à la lumière du tableau que l'on y dépeint. Il aide également à contrer certaines faiblesses chez un individu en permettant un repérage facile des aspects qui pourraient être améliorés et en suscitant un questionnement sur les moyens à prendre pour y parvenir.

Bref, le portfolio n'est pas un ramassis de pièces ou d'outils disparates : il est le témoignage d'une évolution et sa force vient du fait qu'il est axé sur la réflexion de l'élève.

Le portfolio permet de grandir sur le plan pédagogique

L'élève sait que son apprentissage n'est jamais terminé. Le portfolio permet de disposer des balises pour que le chemin à parcourir soit plus facile à voir et que les actions à faire soient plus efficaces. L'énergie dépensée dans une expérience qui a plus ou moins bien fonctionné sera regénérée sous une autre forme dans une nouvelle expérience qui tiendra compte des facteurs en cause et des actions déjà entreprises. D'une expérience à l'autre, l'élève grandit sur le plan pédagogique. Sa pratique réflexive lui permettra de déterminer ses forces, de s'adapter au contexte et de développer de nouvelles habiletés. Petit à petit, elle ou il apprendra à mieux se connaître, à explorer de nouveaux horizons, à montrer un engagement plus profond, à apprécier ses succès et à focaliser ses énergies sur ses habiletés. Elle ou il vivra un processus sans cesse plus prometteur, sans cesse plus enrichissant, qui l'amènera à se découvrir de nouvelles compétences et à avoir confiance en elle-même ou en lui-même.

En cas de suppléance

Lorsque la ou le titulaire doit s'absenter, la personne suppléante ne peut habituellement analyser en profondeur les besoins des élèves. Les élèves connaissant des difficultés d'apprentissage ou des problèmes de comportement seront alors souvent démunies ou démunis si aucun moyen concret n'a été prévu pour pallier cette absence. Dans ce cas, les périodes de frustration, autant pour l'élève que pour la personne suppléante, seront fréquentes et généreront des moments de stress de haut niveau. Ces périodes pourraient pourtant être évitées par la mise en place de simples moyens de prévention. Pourquoi, en effet, ne pas laisser un dossier à la disposition de la suppléante ou du suppléant afin de s'assurer de lui offrir l'aide nécessaire? (Voir l'exemple dans l'encadré 6.5 et le modèle de la feuille reproductible 6.7.)

Renseigner le personnel suppléant sur les différents besoins des élèves de la classe s'avère fondamental. Trop souvent, hélas, des semaines d'effort seront minées parce qu'on aura négligé de prévoir des mesures palliatives en cas d'absence.

.... **Encadré 6.5** ....

Élèves connaissant des difficultés en mathématiques

Suppléance du : _____

Nom de l'élève	Commentaires
Sébastien Lamoureux*	Sébastien ne peut lire seul les problèmes de mathématiques. Il peut se faire aider par un pair.
Anne Létourneau*	Anne utilise un magnétophone pour suivre son programme modifié de mathématiques. Une élève de huitième année viendra en après-midi continuer l'enregistrement de ce programme.
Michel Lesage	Michel doit être surveillé au cours de la période de résolution de problèmes. Il a tendance à se perdre dans les données. Il faut s'assurer qu'il comprend bien le sens des questions. Vous pouvez vérifier régulièrement s'il a sélectionné la bonne information.

* Ces élèves peuvent demander de l'aide à leur partenaire *en tout temps* car ils ont de graves difficultés d'apprentissage.

Un plan d'action

Lors de la crise du verglas de 1998, les villes qui s'en sont le mieux sorties sont celles qui s'étaient dotées d'un plan d'action efficace. Cibler les difficultés et prévoir les moyens d'y faire face sont des éléments essentiels d'une saine gestion. Il faut aussi définir les démarches à faire pour rendre ce plan opérationnel, ce qui évitera le gaspillage d'énergie, de ressources et de temps.

Amener une ou un élève en difficulté à développer ses compétences ou à modifier son comportement est une tâche ardue et complexe qui requiert l'élaboration d'un plan d'action. Ce plan est d'autant plus nécessaire que les résultats qui en sont attendus mettent parfois du temps à se concrétiser. Sa conception nécessite certains efforts, et il faut savoir qu'à l'intérieur du cadre de travail que l'école impose, les démarches seront parfois exigeantes. Un exemple de plan d'action est présenté dans l'encadré 6.6 et la feuille reproductible 6.8 en propose un modèle afin que l'enseignante ou l'enseignant puisse développer le plan d'action qui lui convient.

Enfin, on ne peut véritablement parler de plan d'action si on n'a pas une vue d'ensemble de tous les éléments. En traçant le profil de sa classe, on est plus en mesure de prendre des décisions pertinentes et de déterminer les priorités (feuille reproductible 6.9).

Plan d'action

Nom de l'élève : François Labrèche

Préoccupation : Ne peut suivre la classe durant la lecture.

Moyens	Conditions	Démarches	Échéances
• Avoir du travail à sa portée dans la salle de classe.	• Préparer des exercices simples. • Établir des liens avec l'enseignante responsable des élèves en difficulté.	• Voir la revue *Coulicou*. • Demander une rencontre avec l'enseignante responsable des élèves en difficulté.	• En fin de semaine prochaine. • Dès demain.
• Utiliser l'approche coopérative.	• Bien préparer les élèves à cette approche.	• Mettre clairement au tableau les règles de vie à respecter durant le travail en équipe. • Créer des grilles pour que chaque membre de l'équipe puisse se fixer des objectifs de travail.	• Vendredi prochain. • Vendredi prochain.
• Avoir une personne bénévole dans ma salle de classe qui aide l'élève tous les jours.	• Obtenir facilement la présence de cette personne. • S'assurer que cette personne bénévole facilite le travail et ne vienne pas le compliquer.	• M'informer auprès de la direction pour obtenir le soutien de la personne bénévole dont j'ai besoin. • Établir à l'avance une liste des textes à lire et des activités à effectuer avec l'élève ; la personne bénévole aura son coin pour travailler. • Établir avec elle son horaire et le travail qu'elle aura à faire pour qu'elle n'ait pas à me déranger pendant les leçons.	• Dès lundi prochain. • Commencer à préparer les activités d'ici une semaine. • Rencontrer la personne bénévole d'ici deux semaines.

Internet au service des enfants en difficulté

Bottin de sites permettant de mieux connaître l'élève en difficulté et de favoriser le développement professionnel de l'enseignante et de l'enseignant

Pour une meilleure compréhension des élèves en difficulté

- **Le concept de soi et l'élève en difficulté**
  http ://www.acelf.ca/revue/XXV2/articles/r252-04.html
  Les difficultés d'apprentissage et leurs incidences sur le concept de soi en mathématiques, français et général.

- **La dyslexie** *http ://pages.infinit.net/touze/dys.html*
  On y trouve de nombreuses informations sur la dyslexie et des liens très pertinents.

- **Troubles d'apprentissage – Association canadienne**
  http ://www.ldac-taac.ca
  Ce site renseigne autant le personnel enseignant que les parents.

- **Les élèves un peu spéciaux et les TIC** *http ://www.infobourg.qc./com/*
  Chronique du 22 janvier 1998 portant sur les élèves intégrés dans les classes ordinaires.

- **Les difficultés d'apprentissage**
  http ://www.acelf.ca/revue/XXV2/articles/r252-00.html
  Compréhension des difficultés d'apprentissage. Pratiques éducatives.

- **Allô prof** *http ://www.alloprof.qc.ca*
  Pour de l'aide dans les devoirs et bien plus…

- **Encourager l'acquisition du langage chez les jeunes enfants**
  http ://www.cfc-efc.ca
  Cette feuille-ressource a été publiée par la Fédération canadienne des services de garde à l'enfance.

- **Le grand monde du préscolaire** *http ://www.grandmonde.com*
  Le site pour la maternelle et le préscolaire au Québec. Jeux, documents, références, matériel didactique, nouveau programme ministériel au préscolaire, etc.

- **Bienvenue à notre bibliothèque!**
  Créer un centre de jeu basé sur la littératie en milieu préscolaire
  http ://www.cfc-efc.ca/docs/00001047.htm
  Cet article a été publié par l'Association canadienne pour la santé, l'éducation physique, le loisir et la danse.

Pour un soutien dans la gestion de classe

○ **Apprendre avec Ordino**
Tiré du livre *Quand revient septembre* de Jacqueline Caron (Chenelière, 1997).
http://www.cssh.qc.ca/enseignants/j_caron/Accueil.html
Ce site fournit des outils organisationnels relatifs à l'utilisation de l'ordinateur en salle de classe : tableau de programmation, suggestion d'activités, guide de planification.

○ **Banque d'activités pédagogiques (ACELF)**   *http://acelf.ca/bap/bap-quoi.html*
Les enseignantes et les enseignants peuvent proposer des outils qu'on ajoutera à la banque en respectant leurs droits d'auteur.

○ **EDUCH**   *http://luthip.multimania.com/*
Ce site permet d'établir des liens avec des organismes consacrés aux élèves en difficulté. On y traite du domaine de l'éducation, de la famille et du travail social. On y parle de matériel pédagogique, d'intervention ainsi que de prévention.

○ **Répertoire des classes multiprogrammes branchées**
http://www.rtsq.qc.ca/multip/classes-br/rep_cl_br.htm
Pour celles et ceux qui s'intéressent aux difficultés que soulève la classe multiprogramme et aux moyens qu'on peut utiliser pour aplanir ces difficultés. C'est un lieu de partage d'outils et de discussion.

○ **Classes multiprogrammes au primaire**
http://www.uqtr.uquebec.ca/app_cooperatif
Exemple de projets d'école. Outils facilitant le travail en classe multiprogramme et projets mis de l'avant dans ce type de classe.

○ **Apprendre Internet**   *http://www.cslaval.qc.ca/prof-inet/ai/ai.html*
Site très bien fait pour apprendre Internet. Suggéré à celles et ceux qui débutent.

○ **AQUOPS**   *http://aquops.educ.infinit.net/*
Ce site permet de découvrir des articles traitant de projets vécus en salle de classe. La page d'accueil propose également d'autres options : colloque, formation, scénarios pédagogiques.

○ **Francopholistes**   *http://www.francopholistes.com*
Ce site présente différents forums de discussion en pédagogie.

○ **La toile du Québec**   *http://www.toile.qc.ca/*
Ce site permet d'avoir accès à de nombreux sites francophones traitant du domaine scolaire.

○ **Centre franco-ontarien des ressources pédagogiques**   *http://www.cforp.on.ca/*
En plus de renseigner sur les différents outils pédagogiques francophones, ce site permet de faire l'achat de matériel en ligne, propose des stratégies pédagogiques et présente des liens francophones en éducation.

● **Rescol** *http://www.rescol.ca/*

Rescol permet d'avoir accès à de nombreux outils pédagogiques et est une ressource indispensable pour tout le personnel enseignant. On y découvre des exemples de projets réalisés à l'aide d'Internet en salle de classe. Rescol offre une aide financière à l'enseignante ou à l'enseignant qui désire créer un projet dans Internet.

Autoévaluation de l'enseignante ou de l'enseignant

Cochez les affirmations qui correspondent à ce que vous faites pour aider l'élève en difficulté.

		Oui	Non
1.	J'ai développé des moyens d'identifier les élèves éprouvant des difficultés en lecture, en écriture ou en mathématiques (par exemple: banque d'activités d'évaluation et grilles d'évaluation).	☐	☐
2.	J'ai développé des stratégies d'apprentissage répondant à certains besoins précis en lecture, en écriture ou en mathématiques.	☐	☐
3.	Je rencontre régulièrement les élèves individuellement pour les informer de leurs progrès.	☐	☐
4.	J'élabore les grilles d'évaluation avec les élèves de façon à les responsabiliser par rapport à leurs résultats.	☐	☐
5.	J'ai à ma disposition des tests diagnostiques servant à déterminer les besoins des élèves.	☐	☐
6.	Je m'assure d'analyser le dossier de l'élève qui m'est confiée ou confié.	☐	☐
7.	Je communique régulièrement avec l'enseignante ou l'enseignant responsable des élèves en difficulté et je lui fournis les informations nécessaires à une bonne concertation des actions.	☐	☐
8.	J'évalue de façon continue les habiletés de l'élève.	☐	☐
9.	Je révise périodiquement le plan d'enseignement individualisé de l'élève.	☐	☐
10.	Je sollicite la collaboration de certaines ou certains élèves pour qu'elles ou qu'ils aident d'autres élèves.	☐	☐
11.	J'organise un partenariat avec certaines classes pour permettre à mes élèves de mettre leurs compétences en valeur.	☐	☐

	Oui	Non

12. Je bénéficie de l'appui de la direction dans l'exploitation de certaines ressources qui répondent aux besoins de mes élèves (par exemple, aide au concierge ou au secrétariat, circulation dans les corridors et emploi du baladeur). ☐ ☐

13. Je crée une complicité avec certains adultes afin qu'ils encouragent mes élèves dans leurs efforts. ☐ ☐

14. J'utilise des personnes bénévoles comme ressources pour aider mes élèves en difficulté. ☐ ☐

15. Je développe des stratégies pour inciter les parents à participer à l'apprentissage de leur enfant. ☐ ☐

16. Je sollicite la participation active des parents à la vie de classe. ☐ ☐

17. J'entretiens l'intérêt des parents à l'égard des travaux effectués par les élèves. ☐ ☐

18. Je communique régulièrement avec les parents pour les tenir au courant de l'évolution pédagogique de leur enfant. ☐ ☐

19. J'ai trouvé des mentors ou d'autres soutiens externes (par exemple, des tutrices et des tuteurs) pour aider mes élèves dans certaines circonstances (devoirs, activités de lecture, notes de cours, etc.). ☐ ☐

Chapitre 6

La gestion des différentes ressources

Feuille reproductible 6.1

Feuilles de communication

a)

Date : _____

Message de : _____
(Nom de la ou du titulaire)

Les éléments qui seront travaillés en _____ dans les prochains jours toucheront
(Matière)

principalement _____
(Concepts, habiletés, domaines)

b)

Date : _____

Message de : _____
(Nom de la ou du titulaire)

À : _____
(Nom de la personne à qui s'adresse le message)

J'aimerais vous rencontrer pour discuter de : _____
(Nom de l'élève)

• Date de la rencontre : _____

• Lieu : _____

• Heure : _____

☐ Je serai à la rencontre.

☐ Je ne suis pas disponible à ce moment, je suggère la date et l'heure suivantes :

_____

c)

Date : _____

Message de : _____
(Nom de la ou du titulaire)

À : _____
(Nom de la personne à qui s'adresse le message)

Concernant : _____
(Nom de l'élève)

J'aimerais vous faire part de la préoccupation suivante :

_____

_____

_____

Feuille de coordination

Nom de l'enseignante ou de l'enseignant : _____

Matière : _____

Nom de l'élève : _____

Afin de me permettre d'assurer un meilleur suivi auprès des élèves, pourriez-vous me donner vos commentaires sur l'attitude et le rendement de l'élève dont le nom est mentionné ci-dessus. Veuillez, s'il vous plaît, remplir ce rapport et me le retourner le plus tôt possible.

1. Participation en classe :

   _____
   _____
   _____

2. Attitude :

   _____
   _____
   _____

3. Assiduité dans ses travaux :

   _____
   _____
   _____

4. Rendement scolaire :

   _____
   _____
   _____

5. Autres commentaires (tests à venir, notions à revoir, progrès remarqués) :

   _____
   _____
   _____

Signature : _____   Date : _____

Remettre cette feuille à : _____

Rencontre de l'équipe-école

Date : _____

Nom de l'enseignante ou de l'enseignant : _____

Niveau enseigné : _____

Matière : _____

Je désire rencontrer l'équipe-école pour les raisons suivantes :

_____

_____

_____

_____

_____

L'élève qui me préoccupe présentement correspond au profil suivant :

_____

_____

_____

_____

_____

La situation que je vis dans mes cours avec l'élève est la suivante :

_____

_____

_____

_____

_____

Les moyens que j'ai utilisés sont les suivants :

_____

_____

_____

_____

_____

Compte rendu

Nom de l'élève : _____

Date de la rencontre : _____

Personnes présentes :

_____

_____

Éléments discutés :

_____

_____

_____

_____

_____

Résumé de la rencontre :

_____

_____

_____

_____

_____

_____

Suivi à apporter :

_____

_____

_____

_____

_____

Compte rendu rédigé par _____ Date : _____

Aide-mémoire
Comité d'identification, de placement et de révision (CIPR)

	Oui	Non
1. J'ai révisé le dossier de l'élève.	☐	☐
2. J'ai avisé les parents de la rencontre dans le délai prévu par l'école.	☐	☐
3. J'ai noté les éléments dont je désire discuter.	☐	☐
4. J'ai prévu les questions qui seront probablement posées et des éléments de réponses.	☐	☐
5. J'ai les documents nécessaires en main (par exemple, dossier de l'élève, plan d'enseignement individualisé, bulletin et échantillons de travaux).	☐	☐
6. Je possède un modèle me permettant de résumer facilement les éléments discutés durant la rencontre.	☐	☐

Rencontre avec les parents

Chers parents,

Vous êtes invités à venir me rencontrer à l'école le_____ à _____ heures afin que je puisse vous présenter le programme de votre enfant et répondre à vos questions.

Nous pourrons à cette occasion faire plus ample connaissance et discuter des moyens d'intervention à privilégier. Je pourrai vous présenter quelques échantillons de travaux et vous donner des pistes qui vous permettront d'offrir du soutien à votre enfant dans son travail scolaire.

Je vous remercie bien sincèrement pour votre coopération et j'espère vous rencontrer bientôt.

Nom de la ou du titulaire : _____   Date : _____

- -

Je vous prie d'indiquer si vous serez présents à la rencontre.

Nom du ou des parents : _____

Nom de l'élève : _____

Numéro de téléphone : _____

☐ Nous assisterons à la rencontre.

☐ Nous ne pourrons pas assister à la rencontre. Nous aimerions fixer un rendez-vous pour une autre rencontre.

Élèves connaissant des difficultés

Suppléance du : _____

Nom	Commentaires

Plan d'action

Nom de l'élève : _____

Préoccupation : _____

Moyens	Conditions	Démarches	Échéances

Profil du groupe

Nom de l'élève	Besoin déterminé	Action pédagogique prévue	Ressource disponible	Ressource supplémentaire souhaitable

Les approches à privilégier pour différencier l'enseignement

Le travail en projet

L'intégration des matières

Les approches qui respectent la diversité des intelligences

L'exploitation des ressources multimédias

L'approche coopérative

L'importance d'une évaluation planifiée

Vers le succès

Internet au service des enfants en difficulté
Bottin de sites permettant de mieux planifier
des activités en utilisant des approches
privilégiées pour différencier
l'enseignement

Autoévaluation de l'enseignante
ou de l'enseignant

Réflexion sur la pratique
pédagogique à l'égard
des élèves en difficulté

« Ce n'est pas à tenter de refaire une chandelle
qu'on a réussi à faire de l'électricité. »

Jacques Salomé

À l'aube du troisième millénaire, il y a lieu de se poser de nombreuses questions sur l'éducation. Celles qui concernent l'écart entre les garçons et les filles au plan de la réussite scolaire laissent particulièrement perplexes. Présentement, il existe un déséquilibre flagrant : beaucoup plus de garçons que de filles éprouvent des problèmes de comportement. Il en est de même pour les difficultés d'apprentissage, principalement en lecture et en écriture, où les garçons sont nettement désavantagés.

Selon le Conseil supérieur de l'Éducation du Québec[1], les garçons et les filles présentent le même potentiel intellectuel et l'écart dans la réussite scolaire trouverait son origine dans une série d'influences sociales particulièrement déterminantes entre quatre et onze ans. Ces influences expliquent pourquoi les styles d'interaction et les intérêts chez les garçons ne sont pas les mêmes que chez les filles. L'attitude des garçons à l'égard de l'école est très différente de celle des filles. Celles-ci aiment l'école et répondent davantage à ses attentes. Ces différences persistent tout au long du secondaire et mènent à un taux de décrochage qui est, chez les garçons, du double de celui des filles.

Une des recommandations du Conseil supérieur de l'Éducation du Québec est de désexualiser les représentations que les élèves se font de la lecture et de l'écriture, qui sont associées à des qualités féminines. On encourage également le personnel enseignant à promouvoir l'apprentissage de la lecture et de l'écriture sous toutes ses formes, notamment en utilisant les nouvelles technologies de l'information et les activités parascolaires. On l'invite également à revoir le cadre de référence actuel en éducation, basé sur la concordance des apprentissages de tous les élèves du même âge. En un mot : il faudrait dorénavant tenir compte du rythme de développement de l'élève et de son style cognitif. On insiste particulièrement sur le point suivant : mieux faire ressortir l'utilité concrète des apprentissages dans la vie de tous les jours.

Le travail en projet

« Un projet consiste à donner une forme à un avenir proche ou éloigné, à envisager la transformation d'une réalité et à imaginer une situation dont

1. *Pour une meilleure réussite scolaire*, extrait de la conférence de presse donnée par le Conseil supérieur de l'Éducation du Québec, *Le Droit* (Ottawa), 14 octobre 1999, p. 21.

on est l'acteur. Un projet, c'est ce qu'on a l'intention de faire, c'est une production en devenir ou une action en puissance[2]. » Prendre pour point de départ ce qui intéresse l'élève stimule grandement sa motivation à faire un effort. Par le travail en projet, l'élève exprime ses intérêts et ses questionnements en lien avec des situations de vie réelles.

Le travail en projet permet à l'élève d'aller aussi loin qu'elle ou qu'il le désire dans un sujet étudié ; il permet également de différencier l'enseignement par le fait qu'il respecte la capacité de l'élève. De plus, il incite au dépassement et à l'effort puisque l'élève se fixe des buts à atteindre et des étapes à franchir.

Le travail en projet présente plusieurs avantages :

- il offre une certaine liberté d'expression favorisant l'originalité et la créativité ;

- il favorise l'autonomie par la prise en charge par l'élève de sa responsabilisation et de l'organisation du projet ;

- il permet de respecter le rythme de progression de l'élève par la flexibilité qu'il offre quant à l'échéancier et à l'envergure de la tâche ;

- il crée une ouverture sur la communauté puisque les initiatives de l'élève nécessitent le recours à des ressources qui se situent la plupart du temps à l'extérieur de l'école ;

- il incite les parents à participer aux efforts de leur enfant en les rendant conscients de la complémentarité de leur rôle et de celui de l'école.

L'encadré 7.1 présente une description de la démarche du travail en projet.

Il faut noter que «les premiers projets servent d'abord à faire l'apprentissage de cette méthode de travail, à prendre conscience de ses forces et de ses faiblesses et à acquérir l'autonomie nécessaire à la poursuite de nouveaux objectifs[3]». Un projet conduit toujours à une réalisation concrète : organisation d'un dîner communautaire, création d'une pièce de théâtre, exposé sur un sujet de recherche, démonstration d'une expérience scientifique, etc.

L'encadrement de l'élève et une compréhension des principes de la pédagogie de projet sont des éléments essentiels pour mener à bien une telle aventure. Le collectif Morissette-Pérusset[4] offre des pistes très intéressantes pour orienter le travail de l'élève tout au long des étapes.

••••••••••••••••

2. S. Francoeur-Bellavance, « Le travail en projet», *Québec-Français*, n° 97, printemps 1995, p. 42.
3. Commission scolaire Sainte-Croix, *Projet éducatif 1996, École secondaire Paul-Gérin-Lajoie*, Outremont, p. 10.
4. Collectif Morissette-Pérusset, *Vivre la pédagogie du projet collectif*, Montréal, Chenelière/ McGraw-Hill, 1999.

La démarche du travail en projet

 ### Étape 1 : Phase collective : élaboration de la carte d'exploration

- Mise en situation permettant de soulever des questions.
- Inventaire d'idées possibles d'exploitation (remue-méninges).
- Regroupement des idées sous des thèmes généraux.
- Consignation des perceptions initiales des élèves sur la carte d'exploration. Il peut s'agir d'une grande feuille blanche fixée sur le tableau où on écrit d'un seul jet les mots, les questions, les perceptions et les connaissances des élèves sur le sujet*.
- Émergence des projets de classe.
- Formation des équipes par affinités et par intérêts.

À la fin de cette étape, des équipes de quatre ou cinq élèves, hétérogènes aux plans de la personnalité et du potentiel créateur, se forment et rencontrent l'enseignante ou l'enseignant pour faire un survol des possibilités et des limites de leur choix avant de préciser définitivement le projet**.

 ### Étape 2 : Phase de recherche et d'apprentissage

Durant cette phase, l'équipe :
- se fixe un but en fonction de l'intention commune de la classe et du thème choisi ;

- fait l'inventaire des ressources à sa disposition pour mener à bien le projet ;
- procède à une collecte d'informations ;
- enrichit la carte d'exploration à la lumière des mots nouveaux découverts en cours de route et des nouvelles questions qui ont surgi ;
- sélectionne et analyse les données recueillies.

Les membres de chaque équipe se répartissent les tâches, décident d'un mode de fonctionnement et tiennent à jour un cahier personnel de projets permettant l'autoévaluation du travail, le suivi de l'enseignante ou de l'enseignant et la communication du travail accompli aux parents***.

 ### Étape 3 : Phase de réalisation du projet

C'est le moment où les élèves structurent l'information et en font un tout cohérent. Voici les éléments propres à cette étape.
- Inventaire des possibilités de communication.
- Détermination de l'ordre de présentation des données.
- Choix d'une forme de communication.
- Expression de talents particuliers (informatique, art visuel, création littéraire, etc.).

··············

* J. Thériault, «Des approches pédagogiques qui favorisent le développement de l'enfant, La pédagogie du projet ou le respect des différences», *Vie pédagogique*, n° 93, mars-avril 1995, p. 29-30.
** S. Francoeur-Bellavance, *op. cit.*
*** *Ibid.*

Encadré 7.1 (suite)

À cette étape, les élèves réalisent le projet, ce qui leur permet de faire les activités planifiées tout en notant dans leur cahier les succès obtenus ou les difficultés éprouvées[****].

 Étape 4 : Phase d'échange avec le groupe-classe ou d'autres destinataires

À cette étape :
- on révise des critères d'évaluation ;
- on présente le travail ;
- on échange avec l'auditoire en cherchant à mettre en évidence les éléments de curiosité et à expliquer les stratégies utilisées en cours de réalisation ;
- on prend conscience des nouvelles interrogations que le projet a suscitées.

Il s'agit de l'étape de la présentation des résultats (produit), mais aussi de la présentation des « comment je suis arrivé à » (stratégies et processus utilisés pour atteindre le but)[*****].

[****] J. Thériault, *op. cit.*
[*****] S. Francoeur-Bellavance, *op. cit.*

L'intégration des matières

L'exploration d'une question nécessite souvent le recours à plusieurs matières. Par exemple, un travail de sciences permet d'approfondir des notions de français et de mathématiques. « Dans les écoles où le programme d'études est organisé par matières, unités d'études et leçons, les élèves ont souvent du mal à établir le rapport entre les concepts d'une matière et ceux d'une autre. L'information et les habiletés présentées isolément ne mettent pas l'apprentissage en valeur si elles ne font pas ressortir une structure ou un contexte qui les relierait entre elles et donnerait un sens à l'information[5]. » L'élève fait preuve d'une certaine motivation à travailler quand les matières sont intégrées, car c'est de cette façon que le monde est organisé : non pas comme un univers compartimenté, mais plutôt comme un ensemble formé d'un réseau complexe de relations. Ce n'est que dans cette perspective que l'élève donne un sens au fait d'étudier les phénomènes et de s'assujettir à l'effort d'apprendre.

5. Ministère de l'Éducation et de la Formation de l'Ontario, *Vers un programme d'études interdisciplinaires – Guide de planification à l'intention des écoles*, 1993.

Chapitre 7

211

Les approches à privilégier pour différencier l'enseignement

Cette habileté à établir des liens entre différents éléments servira l'élève dans l'accomplissement de tâches rattachées au monde du travail. «Bon nombre de problèmes que notre société doit actuellement surmonter trouvent leur source dans notre incapacité de percevoir le monde de façon globale […]. La plupart des défis que les élèves auront à relever dans la vie exigent une réaction intégrée. Pour résoudre un problème d'ordre pratique, il est généralement convenu de le considérer dans son ensemble, en relation avec les idées et les renseignements que l'on peut tirer de divers domaines de connaissances[6].»

L'intégration des matières permet la différenciation de l'enseignement car elle:

- favorise l'établissement de liens entre les éléments d'apprentissage, les concepts et les thèmes à l'étude;
- rapproche l'école de la vraie vie par la mise en relief de problèmes concrets et de questions d'actualité;
- encourage le transfert des apprentissages dans différents contextes.

L'intégration des matières permet non seulement de motiver l'élève en créant des situations authentiques d'apprentissage, mais elle favorise également l'économie de temps puisqu'un thème permet de travailler simultanément plusieurs notions appartenant à différents champs d'étude[7]. Elle offre un avantage certain parce qu'elle amène l'élève à se poser des questions concernant la vie réelle et lui permet de rattacher le contenu d'apprentissage à des éléments concrets de l'existence.

Cependant, il ne faut pas perdre de vue qu'une telle approche requiert de la part de l'enseignante ou de l'enseignant une très bonne organisation de même que la connaissance des éléments des différents programmes et des objectifs visés par les activités choisies. Elle exige également une analyse approfondie de la façon dont les notions sont insérées dans les programmes. La planification intégrée offre par contre de nombreux avantages en élargissant la portée des actions, ce qui donne à l'élève l'occasion de créer des liens durables entre les compétences et les connaissances. Cette approche permet donc de rendre l'école plus vivante en la mariant à la réalité.

Les approches qui respectent la diversité des intelligences

Le Conseil supérieur de l'Éducation du Québec[8] recommande de tenir compte des styles cognitifs puisque les élèves n'utilisent pas toutes ou tous

6. *Ibid.*
7. Des exemples permettant de visualiser cette approche sont présentés dans M. Leclerc, *Par quatre chemins*, Montréal, Chenelière/McGraw-Hill, 1998.
8. *Pour une meilleure réussite scolaire, op. cit.*

la même méthode pour emmagasiner l'information et l'employer pour résoudre un problème. Howard Gardner fut un pionnier dans l'étude des capacités cognitives et il a élaboré avec ses collègues une théorie qui définit plusieurs intelligences. Il entend par intelligence les capacités, les aptitudes et les habiletés qui régissent l'interaction avec l'environnement.

La théorie des intelligences multiples est extrêmement importante pour le milieu de l'éducation. Elle confirme le fait que, pour aider les élèves à pénétrer un sujet, il faut utiliser plusieurs «portes d'entrée» et enrichir le répertoire de représentations de chaque élève[9].

Afin de varier son enseignement, l'enseignante ou l'enseignant doit connaître les intelligences de ses élèves afin de savoir de quelle façon elles ou ils apprennent le plus facilement. L'encadré 7.2 présente la diversité des intelligences et quelques exemples d'interventions permettant de les exploiter.

Selon Gardner, chaque personne possède toutes les intelligences et a la capacité de développer chacune d'elles à différents niveaux. Ce qu'il faut cependant savoir, c'est que chaque élève a tendance à développer certaines intelligences particulières, résultat de l'influence de son environnement, de la génétique et de l'héritage biologique. Ce phénomène aura comme conséquence que l'élève apprendra plus facilement selon les moyens que l'on utilisera.

En regardant de près l'encadré 7.2, on constate que l'école traditionnelle met beaucoup l'accent sur l'intelligence linguistique (écriture, lecture, enseignement magistral) et sur l'intelligence logico-mathématique (résolution de problèmes, logique). Cette façon de faire résulte en l'apparition de difficultés d'apprentissage (écriture, lecture, résolution de problèmes) et de problèmes de comportement chez certaines ou certains élèves parce que l'enseignante ou l'enseignant ne respecte pas leur type d'intelligence.

L'exploitation des ressources multimédias

De nos jours, l'enseignante ou l'enseignant doit s'assurer de répondre aux besoins individuels de chaque élève de sa classe. Ce n'est pas là chose facile à réaliser avec les moyens traditionnels. Les nouvelles technologies, et plus particulièrement Internet, arrivent à point pour offrir des ressources facilement utilisables.

Dans Internet ou sur certains cédéroms, de nombreuses situations d'apprentissage sont présentées; elles répondent aux besoins de l'élève surdouée ou surdoué comme à ceux de l'élève qui éprouve des difficultés

9. T. Armstrong, *Les intelligences multiples dans votre classe*, Montréal, Chenelière/McGraw-Hill, 1999.

Les huit intelligences

Intelligence musicale

- capacité de penser musicalement
- facilité à entendre des suites
- habileté dans le chant
- bonne mémorisation des mélodies
- sens du rythme

Exemples d'interventions :
- Présenter une notion en utilisant un accompagnement musical.
- Utiliser un instrument de musique pour démontrer un phénomène.

Intelligence kinesthésique

- capacité de pratiquer un sport
- utilisation du corps pour résoudre un problème
- bonne coordination
- participation aux activités physiques

Exemples d'interventions :
- Utiliser du matériel qui peut être manipulé.
- Expliquer une notion en utilisant des mouvements sollicitant tout le corps.

Intelligence spatiale

- capacité de visualiser mentalement un objet sous différents angles
- utilisation des images et des couleurs pour communiquer
- habileté à se servir de l'espace
- goût pour le dessin et la peinture
- bon sens de l'orientation

Exemples d'interventions :
- Mettre en évidence les éléments à l'étude en utilisant des métaphores, des graphiques, des films, des couleurs et des schémas.
- Utiliser du matériel d'arts plastiques et de construction ou le dessin pour approfondir des notions.

Intelligence interpersonnelle

- facilité à se faire des amis
- préférence marquée pour le travail en équipe
- aisance à déceler les sentiments d'autrui et ses intentions
- leadership

Exemples d'interventions :
- Créer des occasions de faire des activités de groupe.
- Permettre à l'élève d'utiliser son sens du leadership par la création de projets ou par un système d'enseignement aux pairs.

Intelligence intrapersonnelle

- connaissance introspective de soi
- motivation pour les activités solitaires
- goût pour la recherche ou l'étude individuelle
- capacité de connaître ses sentiments et ses émotions

Exemples d'interventions :
- Poser des questions ouvertes suscitant la réflexion et requérant une analyse.
- Inciter l'élève à tenir un journal pour expliquer les notions étudiées, ce qui lui permettra d'exercer sa pensée réflexive.

Intelligence linguistique

- capacité d'utiliser sa langue maternelle ou une autre langue pour s'exprimer oralement ou par écrit
- tendance marquée à parler ou à raconter des histoires
- facilité à apprendre par cœur
- motivation à lire et à écouter

Exemples d'interventions :
- Décrire oralement les tâches à accomplir ou utiliser du matériel d'imprimerie.

Intelligence logico-mathématique

- Mettre à profit les talents en communication écrite ou orale de l'élève en la ou le faisant tutrice ou tuteur d'élèves plus jeunes.

Intelligence logico-mathématique
- capacité de déduire et d'observer
- facilité à percevoir les liens entre les choses
- excellente capacité de résoudre des problèmes
- intérêt pour les causes et effets
- aptitude à catégoriser différentes choses

Exemples d'interventions :
- Organiser des activités faisant appel au raisonnement et à la logique (échecs, rébus, etc.).
- Inciter l'élève à utiliser l'ordinateur pour concevoir des projets.

 Intelligence naturaliste
- sensibilité à l'égard de la nature
- habileté à se débrouiller dans les activités de plein air
- goût pour l'identification et la classification des différentes espèces

Exemples d'interventions :
- Favoriser le contact avec les éléments naturels en garnissant la classe de plantes, en y amenant des animaux, ou en organisant des sorties pour faire de l'observation et de la classification.
- Encourager la recherche sur les facteurs affectant l'environnement.

d'apprentissage. On y découvre des problèmes ouverts présentant une certaine complexité, ce qui amène l'élève à raisonner, à porter des jugements et à trouver des solutions efficaces dans divers contextes. En exploitant ces ressources, on porte donc une attention particulière aux compétences que l'élève doit développer. Selon Lessard[10], en utilisant l'ordinateur de façon appropriée et au moment opportun, l'enseignante ou l'enseignant peut diminuer le temps passé à transmettre la matière au groupe-classe pour centrer son enseignement sur le travail en petits groupes et sur le travail personnel, et ainsi répondre aux besoins individuels.

Toutefois, il soutient que pour que l'implantation de l'informatique soit efficace, plusieurs conditions doivent être réunies. Il faut, entre autres, que le rôle de l'enseignante ou de l'enseignant soit modifié pour que l'élève devienne, dans la classe, l'acteur principal dans la construction du savoir. Nous touchons ici la question de la responsabilité de l'élève dans ses apprentissages : la conscience que les apprenantes et les apprenants ont de

....

10. C.E. Lessard, « L'impact de l'informatique sur le développement intellectuel », [En ligne], 1999. [http://www.labs.climoilov.qc.ca/~lessardc/credo3.htm] [23 janvier 1999].

leur propre action dans leurs processus de pensée et d'apprentissage ou de leur maîtrise de ces processus contribue à promouvoir chez elles ou chez eux un haut niveau d'engagement, de persistance et de participation dans leurs apprentissages. Afin d'accroître cette conscience de l'action en cours en elles ou en eux, les apprenantes et les apprenants ont besoin d'environnements où leurs intérêts personnels, leurs valeurs et leurs buts sont respectés et soutenus[11].

Les interventions doivent favoriser l'acquisition d'habiletés de haut niveau, à savoir les capacités d'analyse, de compréhension, de résolution de problèmes et de jugement critique. Le monde de l'éducation risque d'être profondément transformé au cours des prochaines années par ce nouveau médium. Internet fait maintenant partie du quotidien et la quantité incroyable d'informations qu'il contient effraie mais, en même temps, peut servir d'outil pédagogique puissant: «Les nouvelles technologies ont le pouvoir de stimuler la recherche d'une information plus complète sur un sujet, d'une solution plus satisfaisante à un problème et, d'une manière générale, d'un plus grand nombre de relations entre diverses connaissances ou données[12].» L'école doit donc s'adapter à ce formidable changement sinon elle risque d'être décalée et d'évoluer en dehors des grands courants sociaux.

La classe devra mettre l'accent sur des activités concrètes qui donnent un sens à la construction du savoir. Toujours selon Lessard, ce n'est qu'à ces conditions que l'élève peut construire ses connaissances selon son développement et sa vitesse d'assimilation. Les ressources médiatiques offrent donc la possibilité d'élaborer des projets concrets stimulant la motivation à apprendre et permettent d'effectuer un travail non pas linéaire mais plutôt en spirale. Ainsi, l'élève peut approfondir un sujet, revenir sur une notion mal comprise ou explorer des contextes variés sans avoir à traverser toutes les étapes que l'on doit suivre habituellement dans l'exploitation des ressources traditionnelles.

Pour l'élève surdouée ou surdoué, les ressources médiatiques offrent des défis de taille, une source de motivation ainsi qu'une information d'une grande richesse sur tous les sujets imaginables. Les différents éléments de notre monde sont, d'une façon ou d'une autre, représentés dans Internet. En fait, Internet constitue un microcosme de notre société: il n'y a pas un sujet, une notion ou un élément à l'étude qui ne soit pas relié à un site Web.

----

11. Association américaine de psychologie, groupe de travail du président sur la psychologie et l'éducation, *Une collaboration de l'Association américaine de psychologie et du Laboratoire régional sur l'éducation du centre des États-Unis*, janvier 1993, p. 7.
12. R. Grégoire, R. Bracewell et T. Laferrière, «L'apport des nouvelles technologies de l'information et de la communication (NTIC) à l'apprentissage des élèves du primaire et du secondaire», [En ligne], 1996. [http://www.fse.ulaval.ca/fac/tact/fr/html/apport/apport96.html] [18 juillet 2000].

L'interaction que permet Internet constitue une autre source de projets stimulants pour l'élève : on peut rencontrer des amies et amis ; on peut visiter, acheter, échanger ; on peut discuter d'un événement d'actualité, écouter de la musique, regarder des images et des bandes vidéo, importer des dessins, suivre des cours, lire des articles scientifiques, questionner des auteures ou des auteurs et correspondre avec des gens de tous les coins du monde. À l'élève, Internet offre des destinataires réels éveillant le goût de développer son potentiel ; elle ou il peut diffuser des produits mettant en valeur son talent et ses connaissances.

Voici comment l'exploitation des ressources médiatiques favorise la différenciation de l'enseignement.

- Le multimédia permet à l'élève d'exploiter son type d'intelligence :
  - l'intelligence spatiale (couleurs, dessins, graphiques, etc.) ;
  - l'intelligence musicale (musique, effets sonores, etc.) ;
  - l'intelligence naturaliste (sites explorant la nature et les problèmes de l'environnement) ;
  - l'intelligence kinesthésique (même si cette forme d'intelligence est moins apparente, on note l'utilisation du clavier, la manipulation de la souris) ;
  - l'intelligence logico-mathématique (résolution de problèmes) ;
  - l'intelligence linguistique (écriture, lecture) ;
  - l'intelligence intrapersonnelle (travail solitaire tel que la recherche) ;
  - l'intelligence interpersonnelle (interaction, comme la correspondance scolaire).

- Il favorise l'interactivité (écrire à une auteure ou à un auteur, poser des questions à une ou à un scientifique, développer un projet conjointement avec les élèves d'une autre classe).

- Il fournit des destinataires réels aux projets de classe.

- Il permet à l'élève d'évoluer à son propre rythme et de s'autoévaluer (à l'aide de feuilles d'autoévaluation, de projets ou de logiciels facilitant l'apprentissage de notions pédagogiques).

- Étant donné que les activités d'écriture et de lecture qu'il propose sont dans certains cas très faciles, l'élève peut exploiter ses talents sans avoir à surmonter ces barrières que constitue parfois l'acte de lire ou d'écrire.

- L'emploi du clavier et la constance de la position des lettres font en sorte que l'élève utilise une partie de sa mémoire kinesthésique pour accomplir une tâche lors de l'écriture, ce qui est un avantage pour les élèves connaissant des difficultés d'apprentissage.

- Internet permet de vivre des situations réelles de communication et donne accès à une foule d'informations.

Cependant, pour que l'utilisation du multimédia soit efficace, l'enseignante ou l'enseignant doit mettre en place l'encadrement nécessaire.

Heide et Henderson[13] présentent des moyens concrets pour y parvenir. Ils décrivent, entre autres, les étapes à suivre pour planifier une unité d'enseignement en utilisant les ressources médiatiques. Ils traitent particulièrement des éléments suivants :

- le choix d'un sujet ;

- le lien avec le curriculum ;

- la planification des ressources ;

- l'aménagement de la classe ;

- l'établissement d'un calendrier ;

- les modalités d'évaluation.

Ces auteurs nous font également découvrir des informations fort intéressantes sur l'individualisation de l'enseignement en fournissant :

- des principes servant à guider l'enseignante ou l'enseignant dans son évaluation des logiciels destinés aux élèves ayant des besoins spéciaux ;

- des exemples de méthodes de gestion de classe ;

- une évaluation diagnostique informatisée.

Bill Gates fait un constat étonnant : « Plus de dix années d'utilisation ont fait la preuve que les ordinateurs peuvent contribuer à l'éducation des enfants, dix ans dont la société a tiré dix leçons définitives. Mes conclusions rejoignent celles d'un rapport publié dans le *Wall Street Journal* en novembre 1997 […] Les élèves en difficulté s'en sortent souvent mieux avec les ordinateurs que les élèves plus brillants[14]. » Il soutient d'ailleurs que les ordinateurs n'amènent pas une diminution des compétences traditionnelles, mais qu'ils stimulent plutôt les élèves dans leur apprentissage en leur offrant une motivation réelle. Cette façon de voir rejoint celle de Grégoire, Bracewell et Laferrière : « La curiosité, la créativité et la pensée à ses stades supérieurs de développement sont stimulées par des objets d'apprentissage pertinents et authentiques et qui présentent un degré optimal de difficulté et de nouveauté pour chaque élève[15]. »

C'est donc en empruntant la voie du multimédia que les enseignantes et les enseignants parviendront à varier leur enseignement. L'accent doit être mis non pas sur l'accumulation du savoir, mais sur son interprétation, sa compréhension et son utilisation, et ce, en créant des activités qui répondent aux intérêts et aux besoins des élèves. Le multimédia est donc sans contredit une ressource à explorer.

....

13. A. Heide et D. Henderson, *La classe multimédia*, Montréal, Les Éditions de la Chenelière, 1996, p. 129 à 139.
14. B. Gates, *Le travail à la vitesse de la pensée*, Paris, Robert Laffont, 1999, p. 362.
15. R. Grégoire, R. Bracewell et T. Laferrière, *op. cit.*

L'approche coopérative

L'approche coopérative est une organisation de l'enseignement qui met à contribution le soutien et l'entraide, grâce à la création de petits groupes hétérogènes d'élèves travaillant selon des procédés préétablis qui assurent la participation de toutes et de tous à la réalisation d'une tâche scolaire[16].

À cause de l'hétérogénéité des classes, des besoins grandissants des élèves et des attentes élevées de toutes les parties du système scolaire, la tâche de l'enseignante et de l'enseignant se complexifie chaque jour davantage. L'approche coopérative peut leur venir en aide : de nombreux éléments d'apprentissage peuvent en effet être avantageusement exploités en travail coopératif. Il est cependant important de savoir utiliser les bonnes techniques selon que l'on veut réviser la matière, faire comprendre une nouvelle notion ou élaborer un projet de recherche, par exemple.

L'approche coopérative présente de nombreux avantages. En voici quelques-uns.

- Le partage des rôles.
- Le développement de la pensée réflexive de l'élève (par des questions telles que « Qu'avez-vous appris ? » ; « Quel serait le prochain défi à relever ? » ; « Quelles difficultés avez-vous éprouvées ? »).
- L'interaction : les élèves discutent de leurs points de vue et de leurs façons de faire.
- L'acceptation des autres.
- L'entraide.

L'approche coopérative favorise la différenciation de l'enseignement de plusieurs façons.

- En cas de difficulté, les élèves savent qui consulter avant d'aller voir l'enseignante ou l'enseignant pour obtenir de l'aide. Les élèves se connaissent bien et elles ou ils deviennent elles-mêmes ou eux-mêmes des ressources.
- Le rôle de l'enseignante ou de l'enseignant en est un de « facilitatrice » ou de « facilitateur ».
- Les élèves acquièrent des méthodes d'organisation et de planification qu'ils garderont toute leur vie.
- La classe est dorénavant centrée sur l'élève, non sur l'enseignante ou l'enseignant ou sur le programme.

▸▸▸▸▸▸▸▸▸▸▸▸▸▸▸▸

16. M. Doyon et O. Georges, *L'apprentissage coopératif, théorie et pratique*, Montréal, CECM, 1991.

L'approche coopérative suppose un changement dans les interventions pédagogiques et également dans l'aménagement physique de la classe. Il nous faut reconnaître l'importance accordée au travail d'équipe sur le marché du travail et la nécessité de développer cette compétence en classe : « En ce moment, 30 jeunes travailleurs et travailleuses entrent dans une classe, s'assoient en rangées, suivent les directives d'un patron ou d'une patronne et n'ont pas le droit de se parler. C'est à l'école que ces jeunes verront ce modèle pour la dernière fois[17]. »

Les élèves d'aujourd'hui doivent développer des compétences autres que celles de lire, d'écrire et de compter. Les individus les plus performants et les plus recherchés sur le marché du travail ont des compétences telles que la capacité d'inventer et l'habileté à travailler en équipe, à respecter l'opinion des autres, à faire preuve d'écoute active et à communiquer sa compréhension des choses. Les quantités incroyables d'information que les gens doivent manipuler et les problèmes de plus en plus complexes qu'ils doivent résoudre font en sorte que le travail d'équipe est devenu indispensable dans toute entreprise qui se veut efficace. Le développement de la recherche en milieu de travail et la nécessité de produire des idées originales sont également des facteurs menant à la coopération. Pour être une personne performante dans le monde du travail, il faut désormais plus que du talent, il faut pouvoir mettre son talent au service des autres et créer ce mouvement de synergie qui fait que la force de l'équipe permet de relever des défis qu'ils serait difficile, voire impossible, de surmonter individuellement.

L'interaction sociale découlant de l'approche coopérative crée les conditions nécessaires à l'éclosion des compétences liées à l'autonomie, au travail d'équipe, au respect des opinions, à la résolution de problèmes, à l'expression de la créativité et à la communication. Ces compétences constituent la base essentielle du plein épanouissement des futurs adultes.

Résumé

Voici un résumé des principaux éléments de l'approche coopérative.

- La coopération est basée sur l'entraide au sein de l'équipe.
- Les membres de l'équipe ont un but commun à atteindre, comme la solution d'un problème, la révision d'une notion ou la conception d'un projet.
- L'entraide ne veut pas dire « donner la réponse ».
- Le partage des idées est fondamental.

17. Bob Hughes, directeur des relations publiques chez Boeing, cité par A. Heide et D. Henderson dans *La classe multimédia*, Montréal, Les Éditions de la Chenelière, 1996, p. 8.

- Chaque membre a un rôle actif au sein de l'équipe et assume des responsabilités.
- Les raisons et les stratégies qui mènent à la prise de décision doivent être expliquées.
- La communication entre les membres de l'équipe est très importante.
- La concertation (décider ensemble) est un élément essentiel du travail coopératif.

L'importance d'une évaluation planifiée

En observant attentivement l'élève en situation d'évaluation lorsqu'elle ou lorsqu'il est en difficulté d'apprentissage, on remarque très souvent les points suivants :

- l'élève ressent un sentiment d'échec avant même de savoir sur quoi portera l'évaluation ;
- l'élève refuse de faire la tâche demandée ;
- l'élève refuse de relever des défis (il ne fera que le minimum demandé) ;
- l'élève refuse de révéler ses capacités de peur d'être mal jugée ou jugé ;
- l'élève remet des travaux incomplets ;
- l'élève montre des signes d'impatience ou d'anxiété ;
- l'élève utilise des stratégies d'évitement (par exemple, il ou elle n'a pas de crayon, donc elle ou il ne peut pas écrire).

Ces observations reflètent bien les sentiments ressentis par ces élèves à l'égard de l'évaluation qui, à leurs yeux, est un véritable supplice. Un autre aspect de l'évaluation doit être examiné. Pour l'élève surdouée ou surdoué, avoir à répondre à plus de questions, devoir faire un travail plus long ou voir son travail être corrigé plus sévèrement constitue une injustice flagrante. L'enseignante ou l'enseignant devra plutôt lui proposer des tâches d'évaluation qui l'amènent à utiliser les habiletés supérieures de sa pensée (analyse, synthèse, comparaison). Les tâches d'évaluation lui permettront de raisonner, d'établir des liens, de traiter d'un sujet en profondeur et d'exprimer sa créativité dans la recherche de solutions nouvelles.

Il est bien certain que si l'on pense en fonction du travail d'équipe, de l'approche coopérative, de l'intégration des matières, de la pédagogie de projet ou de l'utilisation des ressources multimédias, on remet en question les méthodes traditionnelles d'évaluation. Ainsi, l'évaluation dans le travail en projet est un souci constant, de la conception du projet à son aboutissement.

Les critères d'évaluation de la démarche sont, en fait, les critères de réalisation du projet[18].

De plus, si on privilégie des approches qui favorisent la différenciation de l'enseignement, la résolution de problèmes occupe une place centrale au sein de l'évaluation. Berger souligne d'ailleurs qu'«on doit considérer la résolution de problèmes comme faisant partie intégrante de toutes les activités d'apprentissage, et ne pas la limiter aux mathématiques et aux sciences[19]».

Il ne faut surtout pas perdre de vue le but de l'évaluation : elle permet de jeter un regard sur l'acquisition des compétences dans une matière. Il faut maintenant s'éloigner des tendances traditionnelles qui se limitaient habituellement à des tests papier-crayon. Aujourd'hui, on encourage l'utilisation de formes d'évaluation qui rendent justice à l'élève et qui favorisent son engagement dans ce domaine. Ainsi, «toutes les formes d'évaluation doivent engager la participation de l'élève et de membres de son entourage. En apprenant à apprécier les évaluations faites par d'autres à leur endroit, les élèves apprennent à mieux comprendre leurs forces et leurs faiblesses, leurs aptitudes, leurs intérêts et leurs aspirations. Ils apprennent aussi directement ou indirectement les techniques d'évaluation[20].»

Par conséquent, l'évaluation qui favorise la différenciation de l'enseignement est basée sur les principes suivants.

- Offrir à l'élève des occasions de montrer ses connaissances et ses compétences par des moyens autres que ceux utilisés traditionnellement en lui proposant des activités stimulantes que l'on trouve dans la vraie vie.

- Permettre à l'élève de développer un concept en utilisant le style cognitif qui lui convient.

- Fonder l'évaluation sur un problème réel à résoudre.

- Utiliser différentes méthodes d'évaluation :
  - l'autoévaluation de l'élève ;
  - l'évaluation par les pairs ;
  - l'évaluation à l'aide du portfolio ;
  - la coévaluation avec l'enseignante ou l'enseignant ;
  - l'observation ;
  - la conférence (rencontre de l'élève avec l'enseignante ou l'enseignant).

- Offrir à l'élève des expériences d'évaluation qui lui permettent de mettre ses forces en valeur.

18. S. Francoeur-Bellavance, *op. cit.*
19. M.-J. Berger, *Construire la réussite*, Montréal, Les Éditions de la Chenelière, 1994, p.128.
20. Ministère de l'Éducation et de la Formation de l'Ontario, *Élaboration de programmes pour l'élève surdoué(e)*, 1985, p. 35.

Enfin, l'enseignante ou l'enseignant ne doit pas mettre l'accent uniquement sur l'évaluation des apprentissages et négliger le développement personnel et social qui font de l'élève un être entier[21]. On accordera donc une grande importance aux compétences transdisciplinaires telles que la communication, l'autonomie et la participation au sein de l'équipe.

Vers le succès

Les approches présentées dans cette section favorisent la différenciation et mènent à de nouvelles façons de faire et de voir l'école. Leur objectif principal est que les élèves développent des compétences plutôt que de simplement acquérir des connaissances.

Si on compare une approche traditionnelle à une approche qui est centrée sur le respect des différences, on constate de nombreuses disparités. L'encadré 7.3 permet de visualiser cette comparaison.

Il devient primordial d'établir des liens entre les différents champs d'étude et de considérer leur utilisation dans la vraie vie. L'enseignement ne peut plus être compartimenté. On se doit de s'orienter vers l'interdisciplinarité. « Chacun a aujourd'hui le sentiment, plus qu'hier, que les problèmes de société ne sont pas des problèmes unidisciplinaires mais pluridisciplinaires […]. Il suffirait de citer l'importance des questions écologiques, de santé, de transport, les problèmes socio-économico-financiers ou de justice pour s'en convaincre. Le risque d'une école incapable de prendre en compte la complexité du monde à travers ses programmes, se contentant de découpages disciplinaires, est de s'écarter de plus en plus de ce pourquoi en partie elle a été constituée : permettre de se comprendre, de comprendre les autres et de comprendre le monde[22]. »

On doit également s'ouvrir à des projets authentiques qui mènent à une réalisation concrète. « L'école doit aussi cesser de faire tout seule et elle doit miser davantage sur la collaboration avec les parents, les CLSC, les municipalités, les groupes communautaires ou autres, afin d'établir autour des enfants de véritables communautés éducatives[23]. »

. . . .

21. Collectif Morissette-Pérusset, *op. cit.*
22. M. Develay, *2025, Et si demain c'était d'abord aujourd'hui*, Lyon, Université Lumière, août 1997, p. 10.
23. J. Roy, « L'intégration scolaire des élèves handicapés ou en difficulté », *Vie pédagogique*, n° 104, septembre-octobre 1997, p. 48.

Comparaison entre les approches

Approche traditionnelle	Approche respectant les différences
Une seule réponse.	Plusieurs réponses possibles.
Une façon de faire.	Plusieurs façons de faire.
Les élèves étudient toutes les notions.	On vérifie ce que les élèves connaissent déjà du sujet à l'étude.
Utilisation linéaire du manuel.	Utilisation d'une variété de ressources.
Diffusion de l'idée qu'il ne faut pas déroger à ce que le programme indique, de peur de manquer de temps pour couvrir toute la matière.	Utilisation, au moment présent, des occasions de découvertes spontanées offertes par la vraie vie pour les incorporer aux notions à l'étude.
On s'en tient au programme découpé en mois puis en semaines. Il faut le suivre pour voir toute la matière. Le rythme de la classe est imposé par le programme.	Ajustement du programme tout au long de l'année en fonction des difficultés, des priorités et des intérêts des élèves. Le rythme est imposé par le niveau de compétence de l'élève. On détermine son niveau et on tente de l'amener plus loin.
On enseigne beaucoup de matière même si l'élève ne retient pas grand-chose. On a fait son travail : on a enseigné les notions prescrites.	On conçoit que le développement des compétences de l'élève n'est pas une question de quantité de matière mais de qualité des apprentissages.
Une seule procédure possible.	Plusieurs procédures possibles.
On utilise principalement les méthodes traditionnelles.	On innove et on crée de nouvelles manières de faire.
Présentations conventionnelles.	Occasions inusitées de faire valoir les productions de l'élève.
Seules sont mises en évidence les connaissances des élèves portant précisément sur une notion étudiée ou sur le contenu de la matière.	Mise en évidence des forces et des intérêts de l'élève dans différents aspects du curriculum.
Utilisation de la méthode suggérée dans le manuel sans égard au style d'apprentissage de l'élève.	Questionnement sur la façon de faire qui permettrait à l'élève de mieux comprendre et qui respecterait son style cognitif.

Approche traditionnelle	Approche respectant les différences
Croyance que les principes pédagogiques sont là pour être appris ; on espère que l'élève découvrira un jour à quoi ils servent.	Préoccupation à rattacher à la vraie vie les principes pédagogiques à l'étude.
L'enseignante ou l'enseignant dirige la classe et impose les thèmes et les activités.	L'élève participe activement à la planification des thèmes et des activités.
Les élèves sont passives ou passifs. Tout est décidé d'avance. Elles ou ils se font « nourrir ».	Responsabilisation de l'élève quant à son apprentissage.
On compare l'élève aux autres élèves.	On compare l'élève à lui-même (on relève ses progressions par rapport aux défis qu'elle ou qu'il s'est fixés).

Ce n'est qu'en développant une compétence à travailler en équipe et à collaborer que l'élève maîtrisera les compétences fondamentales permettant de s'approprier les notions essentielles, et de le faire selon des méthodes différentes. Parfois, le fait de se faire expliquer une notion dans un langage d'enfant, par un membre de son équipe, permet à l'élève d'accéder au savoir qu'elle ou qu'il ne parvenait pas à intégrer en dépit des explications de l'enseignante ou de l'enseignant.

Enfin, la réalisation de projets, les activités ouvertes, l'utilisation du multimédia, l'approche coopérative et les approches qui respectent les intelligences multiples amorcent un processus qui amène l'élève à se créer des outils pour apprendre. Le pouvoir que l'élève se donne dans ses apprentissages se reflète dans la fierté et la satisfaction apparentes qu'elle ou qu'il en retire.

On en arrive donc à transformer sa pédagogie en fonction de sa vision de l'élève. D'une pédagogie centrée sur le programme, on en arrive à une pédagogie centrée sur l'élève, en respectant son rythme d'apprentissage, en cherchant à développer son potentiel et surtout en l'imaginant comme une personne épanouie.

L'intégration de l'élève en difficulté exige une attitude positive, un esprit ouvert et un comportement chaleureux et bienveillant. L'encadré 7.4 présente un résumé des pensées, des actions et des aménagements qui favorisent ou défavorisent l'intégration. L'enseignante ou l'enseignant pourra s'y référer pour évaluer et comprendre son évolution.

L'intégration en fonction de ce que vous faites ou de ce que vous pensez

Une intégration réussie	Une intégration non réussie
Je prends le temps de situer l'élève et je pars de sa situation pour l'amener plus loin dans ses apprentissages.	C'est à l'élève de s'ajuster au programme de la classe. L'élève ne pourra jamais être au même niveau que les autres. L'élève perd son temps.
J'accueille avec bienveillance l'élève, peu importe ses difficultés et son handicap.	L'élève devrait aller dans une classe spéciale où les élèves présentant les mêmes difficultés sont regroupés.
Chaque élève est différente ou différent et chacune et chacun apporte une richesse à l'ensemble de la classe.	L'élève est un « paquet de troubles ».
Je fais mon possible pour faire progresser l'élève en cherchant de nouvelles façons de faire et de nouveaux outils.	Ce n'est pas à moi à apporter des modifications au programme. Qu'on me fournisse le programme modifié. Ce n'est pas à moi à le faire.
J'ai un rôle important à jouer dans l'évolution de l'élève.	Ce n'est pas mon problème. Ce n'est pas ma responsabilité.
Je sais contourner les difficultés de l'élève pour mettre en valeur tout son potentiel (par exemple, en lui faisant passer des tests oraux).	Ce n'est pas juste pour les autres élèves si je modifie la façon d'évaluer un élève en particulier. Toutes ou tous les élèves doivent avoir les mêmes tâches, et les faire de la même façon.
Je fournis le matériel pour différents niveaux d'habiletés.	Le matériel que j'utilise est uniforme pour tous les élèves.
Je permets aux élèves d'échanger, de discuter et de s'entraider.	Je préfère que les élèves travaillent en silence.

L'être humain ne trouve pas d'un seul coup des solutions magiques aux différents problèmes. Il progresse quelquefois par tâtonnements, commet des erreurs, ajuste ses méthodes et trouve enfin les solutions les plus appropriées. On peut croire que, pour arriver à différencier son enseignement, on doive passer par différents stades (encadré 7.5). Comme dans tout autre processus de changement, on connaît des difficultés initiales, liées à la crainte et au fait que tout doit être appris. La tâche est lourde, épuisante même si aucune ressource n'est offerte aux personnes les plus sensibles. Puis vient une période où l'on adopte de nouvelles pratiques, non sans difficulté. Enfin, à un certain moment, l'enseignante ou l'enseignant s'est bien adaptée ou adapté à son nouveau rôle requis par l'intégration de l'élève en difficulté. Finalement, après ces différents stades, elle ou il peut innover dans son domaine en créant avec facilité de nouvelles façons de faire pour mieux répondre aux besoins individuels des élèves qui lui sont confiées ou confiés.

Imaginez un instant que c'est la première fois que vous conduisez une bicyclette. Il vous faut penser à chaque mouvement, rester en équilibre, tenir le guidon, regarder la route et tenir compte des contraintes de la circulation. Plus tard, ces grandes difficultés ne seront plus que des souvenirs. Vous donnerez un but véritable à votre randonnée; vous pourrez plus facilement tenir compte du monde qui vous entoure. Vous pourrez même vous permettre de jouir du paysage, du beau temps et d'une bonne compagnie… Quelle différence par rapport à votre première expérience sur deux roues! Il ne vous viendrait même pas à l'esprit d'avoir à penser à chaque mouvement; vous avez même du mal à vous imaginer en train de perdre votre équilibre à tout instant.

Aujourd'hui, vous conduisez une automobile. Mais il vous a fallu maîtriser de nouvelles habiletés: tenir compte du milieu environnant et de la coordination de vos actions. Vous avez eu l'impression que tout allait trop vite au début, qu'il y avait trop de choses dont vous deviez tenir compte en même temps. Vous avez même eu peur! Les risques et les dangers vous apparaissaient évidents; le besoin d'attention et d'énergie que cela requérait vous fatiguait énormément. Après un certain temps, vous avez ajusté votre façon de faire et conduire est devenu facile, et même amusant.

Cette analogie nous permet de prendre conscience que notre façon de penser évolue en fonction de la maîtrise que nous avons de nos actions. Et c'est la coordination de ces actions qui nous permet d'être efficaces.

L'intégration de l'élève en difficulté dans la salle de classe régulière sera souvent vécue de la même manière. Au début, gauchement, maladroitement, on expérimente. On trouve très difficile de composer avec plusieurs difficultés en même temps. Peu à peu, on essaie de maîtriser des éléments séparément, on cherche à devenir plus efficace. Puis, on se donne des stratégies et on adopte des façons de faire. Finalement, on réalise que tout se passe très vite et que les éléments sont intimement liés. On obtient de bonnes performances. On acquiert de nouvelles façons de faire et de penser de façon subtile et on ne remet plus en question l'intégration.

L'intégration de l'élève en difficulté est une démarche exigeante qui peut sembler utopique à plusieurs. Chaque personne porte en soi le potentiel de transformer ses attitudes. Ce qui semble être une entreprise impossible au début peut devenir une aventure des plus enrichissantes.

Les étapes visant l'intégration de l'élève en difficulté

L'initiation	L'adoption	L'adaptation	L'innovation
Les enseignantes et les enseignants...	Les enseignantes et les enseignants...	Les enseignantes et les enseignants...	Les enseignantes et les enseignants...
• s'efforcent de mieux connaître les particularités de l'élève.	• s'informent sur le sujet, réclament de la formation.	• voient l'intégration comme un phénomène tout à fait normal et font preuve d'un engagement évident.	• ne remettent pas en question l'intégration de l'élève et sont fiers de l'avoir dans leur classe.
• se concentrent surtout sur les faiblesses, les écarts et les lacunes de l'élève.	• perçoivent les forces de l'élève.	• misent sur des activités qui mettent en valeur les forces de l'élève.	• constatent que l'élève prend sa place et que les autres élèves reconnaissent son potentiel.
• sont anxieux au regard du programme scolaire et sont surtout centrés sur celui-ci.	• utilisent encore beaucoup la lecture et l'écriture dans les activités pédagogiques, mais expérimentent de nouvelles pratiques pédagogiques.	• élaborent des activités quotidiennes qui tiennent compte des besoins de l'élève.	• considèrent que modifier les activités est devenu chez eux une seconde nature, sont centrés sur l'élève et non sur le programme et respectent son rythme et son style d'apprentissage.
• éprouvent un sentiment d'incompétence.	• commencent à démontrer de l'intérêt à répondre aux besoins particuliers de l'élève et se sentent parfois compétents pour le faire.	• considèrent qu'ils sont compétents pour répondre aux différents besoins des élèves.	• éprouvent de la confiance en leurs capacités de pédagogues.

L'initiation	L'adoption	L'adaptation	L'innovation
Les enseignantes et les enseignants…	Les enseignantes et les enseignants…	Les enseignantes et les enseignants…	Les enseignantes et les enseignants…
• continuent d'enseigner comme auparavant et considèrent que c'est à l'élève de s'adapter.	• poursuivent un enseignement généralement traditionnel mais cherchent à mettre en valeur les forces de l'élève et à tenir compte de ses besoins dans les activités quotidiennes.	• modifient l'enseignement pour que l'élève poursuive son cheminement pédagogique selon son niveau, son rythme et son style.	• constatent l'engagement de l'élève dans des activités d'apprentissage répondant à ses besoins, et la valorisation et la motivation que celle-ci ou celui-ci en retire.
• ne comprennent pas pourquoi l'élève en difficulté est dans une classe régulière, ressentent de la frustration et font des commentaires tels que: «Si j'avais le choix, il ne serait pas dans ma classe».	• perçoivent certains avantages à avoir ce type d'élève dans la classe et ressentent peu de frustration.	• croient fermement que l'élève a sa place au sein de la classe.	• accordent une place de choix à l'élève en difficulté, ce qui fait qu'il leur serait impensable de considérer leur classe autrement.
• prennent peu de risques.	• commencent à adapter des outils pédagogiques.	• manifestent de la curiosité et expérimentent de nouvelles pratiques pédagogiques.	• inventent des nouvelles façons de faire.
• donnent des tests papier/crayon et se sentent peu touchés par les résultats.	• élaborent surtout des tests papier/crayon mais cherchent à bien encadrer l'élève (contrat, étude, agenda, communication à la maison).	• font preuve de sensibilité quant à la façon de mettre en évidence les forces de l'élève durant les tests (support visuel, entrevue, etc.).	• adaptent les tests pour que l'élève mette ses forces en valeur.

Internet au service des enfants en difficulté

Bottin de sites permettant de mieux planifier des activités en utilisant des approches privilégiées pour différencier l'enseignement

Des sites facilitant la mise en œuvre de projets

- **Infobourg**   *http ://www.infobourg.qc.ca*
  Un site à voir absolument! On s'abonne et on reçoit régulièrement une chronique portant sur les meilleurs sites en éducation.

- **Prof-Inet**   *http ://www.cslaval.qc.ca/prof-inet/*
  Outils facilitant la mise en œuvre de projets dans Internet. On peut consulter des projets effectués par différentes classes.

- **L'Escale**   *http ://www.lescale.net*
  Une foule d'activités pédagogiques dans toutes les matières pour les élèves de tous les niveaux.

- **Propositions d'activités pédagogiques à réaliser dans Internet au préscolaire**
  http ://www.callisto.si.usherb.ca/~fbreton/spvsaloi.html
  On donne des pistes pour pouvoir profiter pleinement du site de **L'Escale** :
  http ://www.lescale.net/petits/
  Apprentissage des lettres et des chiffres, discrimination visuelle, noms des habitats des animaux familiers.

- **Des jeunes en projets**   *http ://jeunes-projet.qc.ca*
  La fondation Jeunes-PROJET vient en aide aux jeunes et aux enseignantes et enseignants qui ont besoin d'argent pour réaliser leurs projets en classe. Le site permet de découvrir les publications de la fondation, les projets qu'elle soutient, le rallye Jeunes & Cie (une idée très originale) et, évidemment, un formulaire électronique prêt à remplir pour faire une demande d'aide financière :
  http ://jeunes-projet.qc.ca/financement.htm

- **Rescol à la source**
  http ://www.schoolnet.ca/alasource/fcentre.projets/recherche-projets.html
  Les projets sont classés par provinces ou territoires, par matières et par années d'étude. Ce site permet de découvrir de nombreuses activités à exploiter avec les élèves.

- **Site sur les animaux domestiques**
  Informations très utiles pour les élèves qui font une recherche sur un animal familier. Bien illustré.

- **Mozzza**
  Des mozaïques interactives dans Internet
  http ://rtsq.qc.ca/aiguillart/scrib/mozzza/mozzza.htm
  Arts et mathématiques. Bel exemple d'intégration de l'ordinateur et d'Internet en salle de classe. Les élèves peuvent exposer leurs œuvres dans ce site.

○ **Météorologue d'un jour**   *http://www.callisto.si.usherb.ca/~fbreton/splricha.html*
Recherche sur la météo. Le scénario peut avantageusement être exploité dans une recherche sur une région ou une ville particulière (études sociales). On peut ensuite, par exemple, y ajouter des notions de mathématiques (distance). On y propose des liens avec:
Environnement Canada: *http://weather.ec.gc.ca/indexf.html*
et **Météomédia:** *http://www.meteomedia.com/*

Des sites pour illustrer un projet

○ **Astro: www belles images!**   *http://oposite.stsci.edu/pubinfo/pictures.html*
Site en anglais. Images relatives au monde scientifique de l'espace. Très utiles pour illustrer des projets sur l'espace et l'astronomie.

○ **Earth and moon viewer**   *http://www.fourmilab.ch/earthview/vplanet.html*
Site en anglais. Si on veut importer des images, cela n'a pas d'importance, mais si on désire lire les textes qui accompagnent certaines images, on pourrait combiner cette activité avec les attentes du cours d'anglais. Ce site présente des images étonnantes de l'espace qui pourraient enrichir les travaux des élèves.

Des sites permettant de diffuser des projets et d'établir une correspondance

○ **Premiers pas dans Internet**   *http://www.momes.net/index.html*
Site facilitant la diffusion de travaux et permettant de trouver des correspondants, des clubs et des sites de discussion en direct. Un site spécialement conçu pour les jeunes. À voir!

○ **L'école en correspondance**   *http://pages.infinit.net/nancyg/courrier.html*
Projet financé conjointement par l'ambassade de France à Ottawa, le Rescol canadien et Patrimoine Canada dont le but est la promotion des nouvelles technologies en salle de classe.

○ **Centre d'enrichissement en micro-informatique scolaire**
http://www.grics.qc.ca/cemis/
Liste des écoles francophones branchées. Ce site permet d'entrer en contact avec d'autres pays, d'effectuer des projets en collaboration, de demander des informations et de diffuser des projets d'élèves. Il contient plus de 250 adresses d'écoles dans différents pays. On invite les écoles à s'inscrire.

○ **Francopholistes**   *http://www.francopholistes.com*
Pour découvrir une classe désirant correspondre ou faire des projets en collaboration dans Internet.

Analyse de cédéroms

○ **Animation virtuelle interactive**   *http ://www.diffm.com/avi/index.htm*
L'Animation virtuelle interactive (AVI) est un lieu où les enseignantes et les enseignants reçoivent de l'aide pour intégrer, dans leur pratique pédagogique, une dizaine de logiciels et de cédéroms sélectionnés.

○ **La boîte à outils de Rescol**   *http ://rescol.cidif.org/*
Plus de 200 logiciels répertoriés. On peut en faire l'étude par catégories ou par mots-clés.

○ **Évaluation de cédéroms**   *http ://www.callisto.si.usherb.ca/~fbreton/cdactiv.html*
Grille, barème et critères d'évaluation pour chaque cédérom évalué.

Autoévaluation de l'enseignante ou de l'enseignant

Cochez les affirmations qui correspondent à ce que vous faites sur le plan des approches pédagogiques.

	Oui	Non
1. Je cherche à développer les différents types d'intelligences chez mes élèves.	☐	☐
2. Je propose des activités qui intègrent les matières.	☐	☐
3. Je comprends l'approche coopérative et je m'assure que les élèves l'utilisent correctement.	☐	☐
4. Je considère le multimédia comme un élément essentiel de mon enseignement.	☐	☐
5. Je favorise l'engagement des élèves dans leur apprentissage par la production de projets concrets.	☐	☐
6. Je tiens compte des approches me permettant la différenciation lors de mes évaluations.	☐	☐

Réflexion sur la pratique pédagogique à l'égard des élèves en difficulté

Répondez aux questions qui suivent.

1. Qu'est-ce qui vous incommodait dans vos premières années d'enseignement par rapport à l'élève en difficulté? Comment ces préoccupations ont-elles évolué?

2. Qu'est-ce qui vous frustre présentement comme professionnelle ou professionnel au regard de l'élève en difficulté?

3. Considérez-vous que vos stratégies d'enseignement sont adaptées à l'élève présentant des difficultés?

4. Quels sont les points que vous chercherez à améliorer au cours des prochaines semaines?

5. Révisez-vous vos plans de leçons chaque année? Vos stratégies d'apprentissage? Vos tâches d'évaluation?

6. En quoi vos premières leçons étaient-elles différentes des leçons que vous donnez présentement?

7. Sur quoi vous basez-vous pour affirmer que vos leçons actuelles sont meilleures que celles d'avant?

8. Observez vos plans d'enseignement individualisé (PEI); en quoi sont-ils différents maintenant, si vous les comparez à ceux de vos premières années dans l'enseignement?

9. Les réunions que vous animez (rencontres de parents, entrevues avec les différents intervenants, études de cas, etc.) sont-elles plus productives qu'auparavant?

Les approches à privilégier pour différencier l'enseignement

Conclusion

Nous vivons sans doute une époque complexe et difficile pour le monde de l'éducation. En effet, « transformer le système éducatif est un des plus redoutables défis que le vingt et unième siècle ait à relever. D'autant plus que, dans tous les pays ou presque, le retard s'est accumulé. Car trop souvent, l'école a privilégié la continuité et non le changement, perpétuant religieusement les méthodes et les traditions héritées du passé. Elle s'est ainsi érigée en une sorte de forteresse immobile au milieu d'un monde qui évolue de plus en plus rapidement [1] ».

Nous vivons à une époque difficile, certes, mais passionnante à bien des égards. Internet nous permet de communiquer avec une rapidité incroyable, des élèves créent des liens internationaux, l'information largement diffusée rend possible des innovations encore inconcevables il y a peu de temps. « Jamais, dans toute l'histoire humaine, le savoir n'a été aussi vaste, aussi varié, aussi disponible [2]. » L'histoire qui s'écrit présentement est captivante car la nouvelle société qui émerge commence à ouvrir les portes jusque-là verrouillées des classes et fait la promotion de l'intégration des élèves en difficulté. Monde en pleine mutation qui exige, pour réussir, la différenciation de l'enseignement.

Ce changement nous entraîne sur une pente risquée : l'enseignante ou l'enseignant a désormais une responsabilité indiscutable envers l'élève qui lui est confiée ou confié, peu importe ses difficultés. Elle ou il a le devoir légal de mettre tout en œuvre pour permettre sa progression pédagogique et l'épanouissement de ses talents.

D'une part, les enseignantes et les enseignants doivent faire preuve de compréhension à l'égard de cette clientèle constituée d'élèves en difficulté d'apprentissage, d'élèves surdouées ou surdoués et d'individus présentant des problèmes de comportement. D'autre part, il est impérieux que les enseignantes et les enseignants adoptent des stratégies d'enseignement qui favorisent la différenciation de l'enseignement, comme l'approche coopérative, les activités ouvertes, la pédagogie de projet, l'enseignement interdisciplinaire et l'utilisation des nouvelles technologies.

La démarche de résolution de problèmes, les activités authentiques et la prise en charge par l'élève de ses apprentissages constituent le fondement

1. T. Gaudin, *2100, récit du prochain siècle*, Paris, Payot, 1990 (cité dans M. Develay, *2025, Et si demain c'était d'abord aujourd'hui*, Lyon, Université Lumière, 1997, p. 12-13).
2. M. Maltais, « Six milliards, L'ignorance n'a pas d'avenir », *Le Droit* (Ottawa), 14 octobre 1999, p. 20.

de cette nouvelle pédagogie et permettent non seulement de trouver des destinataires réels aux projets des élèves mais également de relier les apprentissages aux événements de la vraie vie. Ce n'est que dans ce contexte que la tâche présentée à l'élève devient signifiante et qu'on assiste à la construction active des connaissances par l'apprenant. Le rôle joué par l'enseignante ou l'enseignant se transforme, passant de celui du « maître qui sait tout » à celui de « maître d'œuvre » d'une nouvelle pédagogie centrée sur l'élève : « L'école devient ainsi un lieu d'aventures intellectuelles qui contraste avec l'image plus traditionnelle d'un lieu de spectacles[3]. »

Les habitudes ne se défont pas du jour au lendemain ; leur transformation exige une certaine dose d'efforts. Le chemin vers la pédagogie différenciée est parsemé d'incertitudes, de tentatives, d'erreurs et d'ajustements. Investir dans la gestion des différences demande de vouloir acquérir de nouvelles compétences professionnelles, de créer des liens avec la communauté, de favoriser la collaboration entre les partenaires, de partager son pouvoir de décision et de faire de l'élève l'artisan de sa propre évolution scolaire et sociale.

Ce mot de Michel Develay exprime notre désir. « Faire de l'instruction en permanence une occasion d'éducation en permettant à chacun de se responsabiliser au sein du groupe classe. Envisager celle-ci comme une communauté de chercheurs, au sein de laquelle existe pour chacun le souci des autres, du but commun à atteindre, de l'autonomie et de la coopération. Que cette perception renouvelée des autres et de soi découle d'une volonté d'entraide dans le respect de la différence. Accepter d'apprendre avec les autres[4]. » Il est à souhaiter que chaque pédagogue puisse prendre la place qui lui revient pour préparer les élèves à la société d'aujourd'hui en construisant une autre sorte d'école, celle où les *gitans* vivront comme membres à part entière de la communauté scolaire.

La plus grande erreur est sans doute de ne rien faire parce qu'on est convaincu qu'on peut faire peu.

3. M. Barfurth, « Les nouvelles technologies au service de l'éducation », *Le Droit* (Ottawa), 28 mars 1996, p.13.
4. M. Develay, *2025, Et si demain c'était d'abord aujourd'hui,* Lyon, Université Lumière, 1997, p. 21.

Une étoile à la fois

Sur la plage, à l'aube, un vieil homme voit un jeune homme qui ramasse des étoiles de mer et les rejette à l'eau.

« Pourquoi cet étrange manège ? »

« Les étoiles échouées mourront si on les laisse exposées au grand soleil du matin. »

« Mais la plage s'étend sur des kilomètres, et il y a des milliers d'étoiles de mer. Je ne vois pas très bien ce que cela change. »

Le jeune homme regarde alors celle qu'il tient au creux de sa main, puis la lance dans les vagues.

« Pour celle-ci en tout cas, ça change tout. »

Anonyme

Bibliographie

ADDA, A. *Propos sur le bon usage de l'intelligence*, conférence prononcée au Congrès de l'Association française pour les enfants précoces (AFEP), 30 mars 1996.

ARMSTRONG, T. *Les intelligences multiples dans votre classe*, Montréal, Chenelière/McGraw-Hill, 1999.

ASSOCIATION AMÉRICAINE DE PSYCHOLOGIE, GROUPE DE TRAVAIL DU PRÉSIDENT SUR LA PSYCHOLOGIE ET L'ÉDUCATION. *Une collaboration de l'Association américaine de psychologie et du laboratoire régional sur l'éducation du centre des États-Unis*, janvier 1993.

BARFURTH, M. «Les nouvelles technologies au service de l'éducation», *Le Droit* (Ottawa), 28 mars 1996.

BERGER, M.-J. *Construire la réussite*, Montréal, Les Éditions de la Chenelière, 1994.

CHAMBERS, B., M. PATTEN, J. SCHAEFF et D. WILSON MAU. *Découvrir la coopération*, Montréal, Chenelière/McGraw-Hill, 1997.

CHARETTE, R. *Pédagogie, Performance, Professionnalisme*, Vanier, Centre franco-ontarien des ressources pédagogiques, 1998.

CLARKE, J., R. WIDERMAN et S. EADIE. *Apprenons ensemble*, Montréal Les Éditions de la Chenelière, 1992.

CLOUTIER, G. Conférence prononcée à l'école secondaire publique De La Salle, Ottawa, février 1996.

COLLECTIF MORISSETTE-PÉRUSSET. *Vivre la pédagogie du projet collectif*, Montréal, Chenelière/McGraw-Hill, 1999.

COMMISSION SCOLAIRE SAINTE-CROIX. *Projet éducatif 1996, École secondaire Paul-Gérin-Lajoie*, Outremont, 1996.

CONSEIL SUPÉRIEUR DE L'ÉDUCATION DU QUÉBEC. «Pour une meilleure réussite scolaire», *Le Droit* (Ottawa), 14 octobre 1999.

CORPORATION FOYER MARIEBOURG. *Vers le Pacifique*, Montréal, Centre Mariebourg.

DESJARDINS, C. *Ces enfants qui bougent trop*, Outremont, Éditions Quebecor, 1992.

DEVELAY, M. *2025, Et si demain c'était d'abord aujourd'hui*, Lyon, Université Lumière, août 1997.

DIONNE, J. *Programme d'intervention auprès des élèves à risque*, Boucherville, Gaëtan Morin Éditeur, 1995.

DOYON, M. et O. GEORGES. *L'apprentissage coopératif, théorie et pratique*, Montréal, CECM, 1991.

FORTIN, C. *Je coopère, je m'amuse*, Montréal, Chenelière/McGraw-Hill, 1999.

FRANCOEUR-BELLAVANCE, S. «Le travail en projet», *Québec-Français*, n° 97, printemps 1995, p. 42 à 45.

GATES, B. *Le travail à la vitesse de la pensée*, Paris, Robert Laffont, 1999.

GAUDET, D. et autres. *La coopération en salle de classe*, Montréal, Chenelière/McGraw-Hill, 1998.

GÉVRY, G. et C. LECOURS, «L'apprentissage coopératif, c'est bien plus que du travail d'équipe», *Vive le primaire!*, septembre 1995.

GIASSON, J. *La compréhension en lecture*, Boucherville, Gaëtan Morin Éditeur, 1995.

GRÉGOIRE, R., R. BRACEWELL et T. LAFERRIÈRE. «L'apport des nouvelles technologies de l'information et de la communication (NTIC) à l'apprentissage des élèves du primaire et du secondaire», [En ligne], 1996. [http://www.fse.wlaval.ca/fac/tact/fr/html/apport/apport96.html] [18 juillet 2000].

HEIDE, A. et D. HENDERSON. *La classe multimédia,* Montréal, Les Éditions de la Chenelière, 1996.

HOWDEN, J. et M. KOPIEC. *Structurer le succès,* Montréal, Chenelière/McGraw-Hill, 1999.

HOWDEN, J. et H. MARTIN. *La coopération au fil des jours,* Montréal, Chenelière/McGraw-Hill, 1997.

HUOT, A. «La composition des groupes coopératifs d'apprentissage et la résolution de problèmes», *Pédagogie collégiale*, vol. 12, n° 4, mai 1999.

JASMIN, D. *Le conseil de coopération*, Montréal, Les Éditions de la Chenelière, 1993.

JODOIN, J.-P. «Apprentissage coopératif: l'importance d'enseigner les habiletés de coopération», *Vive le primaire!,* mai 1996.

LAVIGUEUR, S. *Ces parents à bout de souffle*, Outremont, Éditions Quebecor, 1998.

LECLERC, M. *Par quatre chemins*, Montréal, Chenelière/McGraw-Hill, 1998.

LESSARD, C.-E. «L'impact de l'informatique sur le développement intellectuel», [En ligne], 1999. [http://www.labs.climoilou.qc.ca/~lessardc/credo3.htm] [23 janvier 1999].

MALTAIS, M. «Six milliards, L'ignorance n'a pas d'avenir», *Le Droit* (Ottawa), 14 octobre 1999.

MERRIEU, P. *Comment les écoles construisent les difficultés des enfants,* conférence prononcée au congrès de l'Association québécoise des enfants en difficulté d'apprentissage, mars 1998.

MINISTÈRE DE L'ÉDUCATION ET DE LA FORMATION DE L'ONTARIO. *Élaboration de programmes pour l'élève surdoué(e),* 1985.

Vers un programme d'études interdisciplinaires – Guide de planification à l'intention des écoles, 1993.

Le curriculum de l'Ontario de la 1re à la 8e année – Mathématiques, 1997.

Plan d'enseignement individualisé (PEI) – guide, Imprimeur de la Reine pour l'Ontario, 1998.

MORIN-VEILLEUX, G. «Le miracle de la lecture», *Vive le primaire!,* mai 1999.

MOULIN, J.-P. et P. VETTER. «Des élèves à mieux connaître», [En ligne], 1997. [http://www.ordp.vsnet.ch/Resjuin97/eleves.htm] [12 juillet 2000].

POISSANT, H. «Les problèmes et leurs stratégies de résolution», *Vie pédagogique,* n° 92, janvier-février 1995.

ROY, J. «L'intégration scolaire des élèves handicapés ou en difficulté», *Vie pédagogique,* n° 104, septembre-octobre 1997.

SCHWARTZ, S. et M. POLLISHUKE. *Construire une classe axée sur l'enfant,* Montréal, Les Éditions de la Chenelière, 1992.

TARDIF, J. *Pour un enseignement stratégique,* Montréal, Logiques, 1992.

Comment les écoles construisent les difficultés des enfants, conférence prononcée au congrès de l'Association québécoise des enfants en difficulté d'apprentissage, mars 1998.

Une condition incontournable aux promesses des NTIC en apprentissage: une pédagogie rigoureuse, conférence d'ouverture du 14e colloque de l'Association québécoise des utilisateurs de l'ordinateur au primaire et au secondaire, mars 1998.

THÉRIAULT, J. «Des approches pédagogiques qui favorisent le développement de l'enfant / La pédagogie du projet ou le respect des différences», *Vie pédagogique,* n° 93, mars-avril 1995.

TRÉPANIER R. *Les TIC à l'école primaire,* Montréal, Guérin, 1997.

VAN GRUNDERBEECK, N. *Les difficultés en lecture,* Boucherville, Gaëtan Morin Éditeur, 1994.

VIAU, R. *La motivation en contexte scolaire,* Saint-Laurent, Éditions du Renouveau Pédagogique Inc., 1994.

WEISINGER, H. *L'intelligence émotionnelle,* Montréal, Éditions Transcontinental, 1998.

Chenelière/Didactique

La coopération au fil des jours
Des outils pour apprendre à coopérer
Jim Howden, Huguette Martin

La coopération en classe
Guide pratique appliqué à l'enseignement
quotidien
Denise Gaudet et coll.

L'apprentissage coopératif
Théories, méthodes, activités
Philip C. Abrami et coll.

Le travail de groupe
Stratégies d'enseignement pour la classe hétérogène
Elizabeth G. Cohen

Structurer le succès
Un calendrier d'implantation de la coopération
Jim Howden, Marguerite Kopiec

E ÉVALUATION ET COMPÉTENCES

Comment construire des compétences en classe
Des outils pour la réforme
Steve Bisonnette, Mario Richard

Construire la réussite
L'évaluation comme outil d'intervention
R. J. Cornfield et coll.

Le plan de rééducation individualisé (PRI)
Une approche prometteuse pour prévenir
le redoublement
Jacinthe Leblanc

**Le portfolio au service de l'apprentissage
et de l'évaluation**
Roger Farr, Bruce Tone
Adaptation française : Pierrette Jalbert

Portfolios et dossiers d'apprentissage
Georgette Goupil
• VIDÉOCASSETTE

Profil d'évaluation
Une analyse pour personnaliser votre pratique
Louise M. Bélair
• GUIDE DU FORMATEUR

**T Technologies de l'information
et des communications**

La classe branchée
Enseigner à l'ère des technologies
Judith H. Sandholtz et coll.

La classe multimédia
A. Heide, D. Henderson

L'ordinateur branché à l'école
Du préscolaire au 2e cycle
Marie-France Laberge, Louise Dore, Nathalie Michaud

L'ordinateur branché à l'école
Scénarios d'apprentissage
Marie-France Laberge

**Points de vue sur le multimédia interactif
en éducation**
Entretiens avec 13 spécialistes européens
et nord-américains
Claire Meunier

**Regard critique et pédagogique sur les technologies
de l'information et de la communication**
Claire IsaBelle

POUR PLUS DE RENSEIGNEMENTS OU POUR
COMMANDER, COMMUNIQUEZ AVEC NOTRE
SERVICE À LA CLIENTÈLE AU **(514) 273-8055.**

Chenelière/McGraw-Hill
7001, boul. Saint-Laurent
Montréal (Québec)
Canada H2S 3E3
Téléphone : (514) 273-1066
Télécopieur : (514) 276-0324
chene@dlcmcgrawhill.ca